创新型素质教育精品教材

互联网＋教育改革新理念教材

创新创业基础训练

鲁玉桃　编著

镇　江

内容提要

本书以“理论知识够用，重视能力训练”为原则，紧紧围绕“树立创新创业意识，提升创新创业能力”编排内容。全书共7章，分别为“领会创新内涵，树立创新意识”“培养创新思维，掌握创新方法”“认识创业活动，关注创业环境”“提升创业素质，组建创业团队”“发现创业机会，选择创业项目”“规避创业风险，获取创业资源”“制订创业计划，走好创业之路”，每章均包含创新创业的基础理论知识和基本技能训练，旨在引导学生自觉树立创业意识、培养学生提升创业能力。

本书结构编排合理，内容深入浅出，语言通俗易懂，且配有丰富的案例和拓展阅读，集实用性、指导性、操作性于一体。本书既可作为各专业学生创新创业指导课程的教材，也可作为创新创业指导人员的参考书和从业人员的学习材料。

图书在版编目（CIP）数据

创新创业基础训练 / 鲁玉桃编著. -- 镇江 : 江苏大学出版社，2019.7（2023.8 重印）
ISBN 978-7-5684-1153-0

Ⅰ. ①创… Ⅱ. ①鲁… Ⅲ. ①大学生－创业－高等学校－教学参考资料 Ⅳ. ①G647.38

中国版本图书馆 CIP 数据核字(2019)第 157310 号

创新创业基础训练
Chuangxin Chuangye Jichu Xunlian

编　　著 / 鲁玉桃
责任编辑 / 孙文婷
出版发行 / 江苏大学出版社
地　　址 / 江苏省镇江市京口区学府路 301 号（邮编：212013）
电　　话 / 0511-84446464（传真）
网　　址 / http://press.ujs.edu.cn
排　　版 / 北京谊兴印刷有限公司
印　　刷 / 北京谊兴印刷有限公司
开　　本 / 787 mm×1 092 mm　1/16
印　　张 / 12.25
字　　数 / 283 千字
版　　次 / 2019 年 7 月第 1 版
印　　次 / 2023 年 8 月第 6 次印刷
书　　号 / ISBN 978-7-5684-1153-0
定　　价 / 42.80 元

如有印装质量问题请与本社营销部联系（电话：0511-84440882）

前 言

PREFACE

创新创业是人类文明进步的源泉，是植根于每个人心中具有顽强生命力的“种子”。推动社会发展，不仅需要解放生产力，更需要解放人自身的创造力。为了激发广大人民群众的创造潜能，我国政府提出了“大众创业、万众创新”的口号，而青年大学生正是推进“大众创业、万众创新”的生力军。

《创新创业基础训练》包括创新意识基础训练与创业意识基础训练两大部分，旨在引导青年大学生积极响应国家“大众创业、万众创新”的号召，自觉培养创新创业精神、树立创新创业意识、提升创新创业能力，为毕业后积极踊跃创新、理性选择创业奠定基础。

本书遵循“理论知识够用，重视能力训练”的思路，基础知识采用“案例导入—知识学习—创新创业故事—拓展阅读”的层次编写，其中，拓展阅读是对知识学习栏目的延伸，教师和学生可以根据实际取舍；基础训练采用“典型案例分析—探索活动—能力训练”的层次编写，探索活动和能力训练以项目任务的形式呈现，每个项目任务都有评价方式供教师和学生参考使用。

在编写过程中，本书重点突出以下特点：

1．案例导入，启发思考

本书每一节通过典型有趣的创新创业案例引出知识学习，并在知识学习之后辅以典型案例分析，既可以引导学生积极思考，也可以帮助学生强化对知识的理解。

2．穿插故事，趣味性强

本书在知识学习栏目中穿插创新创业故事，这些故事来自古今中外，源于生活实际，引导学生明白创新创业并非遥不可及，它存在于我们的学习、工作、生活中，从而引导学生坚定创新创业的信心和决心。

3．微信扫码，随扫随学

本书利用二维码技术配备了丰富的电子学习资源，学生拿出手机扫一扫，便可获取对应部分的精彩视频，随扫随学，非常方便。

为学习贯彻党的二十大精神，提升课程铸魂育人效果，本书专门在扉页“教•学资源”二维码中设计了相应栏目，以引导学生践行社会主义核心价值观，涵养学生奋斗精神、敬业精神、奉献精神、创新精神、工匠精神、法制精神、绿色环保意识等。

本书由鲁玉桃编著，宾敏、刘魁参与编写。在本书编写过程中，我们参考了大量的文献资料和网络资料。在此，对这些资料的作者表示诚挚的谢意。

由于编者水平有限，书中难免存在疏漏与不当之处，敬请广大读者批评指正。

此外，本书配有优质的教学资源包，读者可以登录文旌综合教育平台“文旌课堂”（www.wenjingketang.com）下载。

目　录

CONTENTS

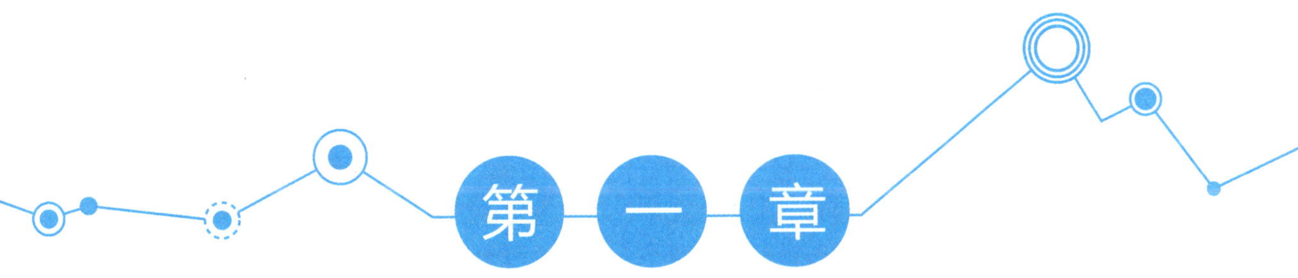

第一章 领会创新内涵，树立创新意识

知识目标

- 理解创新的含义及类型。
- 了解创新意识的含义及特征。
- 熟悉培养创新意识的方法。

能力目标

- 能进行创新思考。
- 能初步运用培养创新意识的方法。

素质目标

- 自觉培养创新精神。
- 自觉树立创新意识。

第一节　领会创新内涵

问题导入

创新是一个从无到有的过程，很多情况下，我们想要做的事情，别人可能已经做过了或者正在准备做，在这样的竞争中，企业或个人要想获得生存，就需要创新。在进行本节的学习之前，先思考以下几个问题：

（1）创新是什么？如何培养自己的创新能力？在生活中你有过创新行为吗？

（2）在生活中你是否发现某些日常用品有需要改进的地方？如何改进？

一、创新的基本知识

一孔值万金

美国一家制糖公司，每次向南美洲运送方糖时都会因方糖受潮而遭受巨大的损失。直到有人提出，既然方糖用蜡密封还会受潮，为何不试试用小针戳一个小孔使之通风呢？经实验，这个方法竟取得了意想不到的效果，且成功地申请了专利。据媒体报道，该专利的转让费高达 100 万美元。

资料来源：精英家教网

问题与思考：

（1）这则故事给你什么启示？

（2）读了这个故事，你准备今后怎么做？

（一）创新的含义

什么是创新？

创新是指以现有的思维模式提出有别于常规或常人思路的见解为导向，利用现有的知识和物质，在特定的环境中，本着理想化需要或

为满足社会需求，而改进或创造新的事物、方法、元素、路径和环境，并能获得一定有益效果的行为。

创新是以新思维、新发明和新描述为特征的一种概念化过程，包含更新、创造新的东西、改变三层含义。换而言之，并不是只有重大的发明创造才是创新，对各种产品、工作方法、商业模式、服务模式的改进等都属于创新。

1904 年，美国圣路易斯在举办“世博会”后，评选出了本届世博会真正的明星产品，它不是任何一家参展商提供的产品，而是世博会门口小商贩售出的食品，这是怎么回事呢？原来，一位叫哈姆威的小贩在会场外出售甜脆薄饼，他旁边是一位卖冰激凌的小贩。炎炎夏日，冰激凌卖得很快，不一会儿盛冰激凌的小碟就不够用了。于是，热心的哈姆威把自己的脆薄饼卷成锥形，给旁边的小贩当作盛冰激凌的小碟用。没想到，冰激凌和脆薄饼结合在一起，受到了出乎意料的欢迎，人们争相购买，并在会后被市民评选为“真正的世博明星产品”，它就是今天我们熟知的蛋卷冰激凌。

资料来源：豆丁网

（二）创新的类型

创新包括理论创新、制度创新、科技创新、文化创新及其他创新。它们相互促进，密不可分。其中，理论创新是指导，制度创新是保障，科技创新是动力，文化创新是智力支持。

1. 理论创新

理论创新是指人们在社会实践活动中，对出现的新情况、新问题作新的理性分析和解答，对认识对象或实践对象的本质、规律和发展变化趋势作新的揭示和预见，对人类历史经验和现实经验作新的理性升华。简单地说，理论创新就是对原有理论体系或框架的新突破，对原有理论和方法的新修正和新发展，以及对理论禁区和未知领域的新探索。

2. 制度创新

制度创新是指人们在现有的生产和生活环境条件下，通过创设新的、更能有效激励人们行为的制度、规范体系来实现社会的持续发展和变革的创新。

制度创新案例

3. 科技创新

科技创新是原创性科学研究和技术创新的总称，是指创造和应用新知识、新技术和新工艺，采用新的生产方式和经营管理模式，开发新产品，提高产品质量，提供新服务的过程。科技创新包括知识创新、技术创新和管理创新三种类型。

4. 文化创新

文化创新是指文化在交流过程中的传播和在继承基础上的发展，表现在为传统文化注入时代精神的努力中。对于一个民族和国家而言，文化创新既要有对传统文化的批判性继承，又要体现时代精神。

二、创新的过程

爱迪生发明灯泡

爱迪生做了 1 500 多次实验都没有找到适合做电灯灯丝的材料，有人嘲笑他说："爱迪生先生，你已经失败了 1 500 多次了。"爱迪生回答说："不，我没有失败，我的成就是发现了 1 500 多种材料不适合做电灯的灯丝。"

灯泡的发明

在电灯问世以前，人们普遍使用的照明工具是煤油灯或煤气灯。这种灯因燃烧煤油或煤气会产生浓烈的黑烟和刺鼻的臭味，并且要经常添加燃料、擦洗灯罩，因而很不方便。更严重的是，这种灯很容易引起火灾，酿成大祸。看到这种情况，爱迪生决心要发明一种物美价廉、经久耐用的照明工具。

于是，马拉松式的实验开始了，爱迪生在实验室里不断地进行各种材料实验，甚至连马的鬃、人的头发和胡子都拿来当灯丝实验。最后，功夫不负有心人，他发现钨丝作为电灯材料发出的光线十分明亮，又不易烧断，适合长期使用。自此，灯泡开始慢慢进入寻常百姓家，成为我们夜晚必备的照明工具。

资料来源：瑞文网

问题与思考：

分析爱迪生发明灯泡的事例，你认为创新应经历哪些过程？

创新的过程分为准备期、酝酿期、明朗期和验证期四个阶段。创新的"四阶段理论"由英国心理学家沃勒斯提出，是一种影响最大、传播最广，而且具有较强实用性的过程理论。

（一）准备期

准备期，即发现和提出问题阶段。一切创新都是从发现问题、提出问题开始的，问题

的本质是现有状况与理想状况的差距。爱因斯坦认为：“提出问题通常比解决问题更重要，因为解决问题不过涉及数学上的或实验上的技能而已，然而提出问题并非易事，需要有创新性的想象力。”他还认为，“对问题的感受性是人的重要资质。”准备期大致可分为以下三步，力求使问题概念化、形象化和具有可行性：

（1）对知识和经验进行积累和整理。

（2）搜集必要的事实和资料。

（3）了解所提问题的社会价值，能满足社会的何种需要及价值前景。

（二）酝酿期

酝酿期，即沉思和多方思维发散阶段。在酝酿期要对搜集的资料、信息进行加工处理，探索解决问题的关键，因此需要耗费很长时间，花费巨大精力，它是大脑高强度活动时期。这一时期，要从各个方面进行思考，如逆向、发散、集中等，让各种设想在头脑中反复组合、交叉、撞击、渗透，按照新的方式进行加工。加工时应主动使用创造性的方法，不断选择，力求形成新的创意。

酝酿期的思维强度大，困难重重，常常百思不得其解，屡试难以成功；“山重水复疑无路”，却又欲罢不能。因此，良好的意志品质和进取性格是酝酿期取得进展直至突破的心理保证。

（三）明朗期

明朗期，即顿悟或突破期。明朗期很短促、突然，呈猛烈爆发状态。人们通常所说的“脱颖而出”“豁然开朗”“众里寻他千百度，蓦然回首，那人却在，灯火阑珊处”等感受就是这一时期的状态。如果说“踏破铁鞋无觅处”描绘的是酝酿期，那么“得来全不费功夫”则是明朗期的形象刻画。

创新故事

英国物理学家、数学家、天文学家、自然哲学家牛顿少年时期就有很强的好奇心，他常常在夜晚仰望天上的星星和月亮。星星和月亮为什么挂在天上？星星和月亮都在天空运转着，它们为什么不相撞呢？这些疑问激发着他的探索欲望。后来，经过专心研究，他终于发现了万有引力定律。

意大利物理学家、天文学家伽利略则始于对亚里士多德“物体依本身的轻重而下落有快有慢”的结论有怀疑，他凭着“自信的直觉”和多次实验，证明了物体下落的速度与物体的重量无关，进而动摇了亚里士多德在物理学中的长期统治地位，引起了极大的震动。最终，他发现了自由落体规律。

资料来源：杨占尧，《创新的精髓》，航空工业出版社，2017.

（四）验证期

验证期，即完善和充分论证阶段。突然获得突破，飞跃出现在瞬间，结果难免稚嫩、粗糙甚至存在若干缺陷。验证期就是把明朗期获得的结果加以整理、完善和论证，并且进一步得到充实。这一时期的心理状态较平静，但仍需耐心、周密和慎重地决定，不急于求成和不急功近利。

创新与创业的关系

瑞典管理学家伊·米克斯认为，“创业不是创新，创新也不是创业。创业可能涉及创新，或者也并不涉及；创新可能涉及创业，或者也并不涉及。”从现实的角度看，他的主张是客观的。一般来说，创新与创业具有以下关系：

（1）创新是创业的基础。创新是指理论、方法或技术等某一方面的发现、发明、改进或新组合，它强调开拓性与原创性；创业是一种思考、推理和行动的方法，目的在于把握机会，创新性地整合资源，创办新的企业或开辟新的事业，强调的是通过实际行动获取利益的行为。将创新的思想或成果用于产业或事业当中，开创新的领域或新的局面，就是创业。因此，创业是在创新的基础上将创新的思想或成果转化为现实生产力的一种实践活动，即创业是具有创新精神的个体与有价值的商业机会的结合，是开创新事业，其本质在于把握机会，创造性地整合资源、创新和超前行动。

（2）创业是创新的载体和表现形式，是创新的体现和延伸。创新与创业内容结构相互融合，相辅相成。把两者有机结合在一起称之为创新创业。创新创业既不同于单纯的创新，也不同于单纯的创业。创新创业是指基于技术创新、产品创新、品牌创新、服务创新、商业模式创新、管理创新、组织创新、市场创新、渠道创新等方面的某一点或几点创新而进行的创业活动。因此，创新创业与传统创业的根本区别在于创业活动中是否有创新因素。创新是创新创业的特质，创业是创新创业的目标。

创新与创业内容的相似并不说明两者可以相互代替。创业者只具备创新精神是不够的，它只是为创业成功提供了可能性和必要的准备，如果脱离创业实践，缺乏一定的创业能力，创新精神就成了无源之水、无本之木。创新精神只有作用于创业实践活动才能有所体现，最终才有可能取得创业的成功。

创新案例及分析

“90后”女孩磁性剪纸掘金30万元

王某是四川某学校的学生，在上学期间，她发明了磁性剪纸专利产品。产品使用的材料是环保材料，可以循环利用再生产，只要是有铁的地方都能直接吸上去，灵巧便携。因为不容易剪断、撕破，它比普通剪纸上手快，能让人在10分钟内就体验到剪纸的乐趣。

提起磁性剪纸的发明过程，王某笑着说：“纯属偶然。”一次帮亲人装扮婚车时，王某感觉这么漂亮的剪纸用起来却很不方便。于是，她就和父亲商量，能不能找到一个既不破坏剪纸的艺术效果，又易于收藏使用的好办法。父女二人很快投入到发明中，经过反复选择实验，王某终于找到了一种特殊的磁性材料来代替传统的剪纸材料。使用这样的材料剪出的艺术剪纸很容易吸附、粘贴在铁质物品上，用水及清洁剂喷在背面还可以轻易地粘在玻璃等光滑物品上，且不会破坏剪纸。磁性剪纸解决了长期以来传统剪纸容易掉色、变色及收藏不方便的问题。

“90后”女孩研发磁性剪纸，成就创业梦想

之后，王某在校期间创办了一家磁性剪纸文化创意公司。在不到一年的时间里，她的公司已经发展了十余家“飞点儿磁性剪纸”加盟商，光此一项的经济收入就有30余万元。

剪纸对于我们来说并不陌生，其难吸附的特性也许大家已经习以为常。但是这一现象却引起了王某的注意，并尝试去改进它。王某经过不断努力，发明了磁性剪纸，并获得了创业的成功。

这则案例告诉我们：创新并不是一件非常难的事情，只要我们善于发现，勤于思考，都能在学习和生活中发现创新点、进行创新活动。

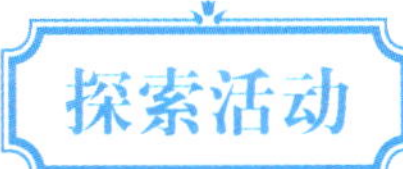

创新设计活动

活动目的：

让学生体会创新的乐趣。

活动内容：

请学生们列出可以改进、进行创新设计的某些学习、生活用品（至少三种），说明需

要改进的具体方面。

活动检测：

活动结束后，教师可根据表 1-1 进行评分。

表 1-1 探索活动评价表

评分标准	分值	实际得分	备注
需要改进的用品数量（1 个 10 分）	40		
改进的创新性	40		
其他	20		
总分	100		

能力训练

踩报纸

首先准备一些报纸，然后将班级的学生分成若干小组，每组不少于 10 人，要求每组在规定的时间（由教师视人数多少而定）内全部站到 1 开的报纸上，并且全部的脚不能站出报纸的边界。

第二节　树立创新意识

问题导入

创新意识在创业过程中起着重要的作用，创业是目的，具备创新意识是前提，一个好的创新意识有助于创业的成功。在进行本节的学习之前，先思考以下几个问题：

（1）创新意识是什么？

（2）如何才能树立创新意识？生活中你是否具有创新意识？

（3）假设你要开一个微店，选择哪些与众不同的产品和营销方式，才能让你的微店在激烈的市场竞争中脱颖而出？

一、创新意识的基本知识

是谁和谁吵起来了？

有这样一道测试题：一位公安局局长在茶馆里与一位老人下棋。正下到难分难解之时，跑来了一位小孩，小孩着急地对公安局局长说："你爸爸和我爸爸吵起来了。"老人问："这孩子是你的什么人？"公安局局长答："是我的儿子。"那么是谁和谁吵起来了？

据说有人曾拿这道题对100个人进行了测试，结果只有两个人答对了。后来对一个三口之家问这个问题，父母没答对，孩子却很快答了出来："局长是个女的，吵架的一个是局长的丈夫，即孩子的爸爸；另一个是局长的爸爸，即孩子的外公。"

资料来源：豆丁网

问题与思考：

为什么许多成年人对如此简单的问题的解答反而不如孩子呢？

（一）创新意识的含义

创新意识是指人们根据社会和个体生活发展的需要，引起创造前所未有的事物或观念的动机，并在创造活动中表现出的意向、愿望和设想。创新意识是人类意识活动中的一种积极的、富有成果性的表现形式，是人们进行创造活动的出发点和内在动力，是创新思维和创新能力的前提。人们只有在强烈的创新意识的引导下，才能产生强烈的创新动机，才能充分发挥其创新的潜能。

创新意识包括创造动机、创造兴趣、创造情感和创造意志。创造动机是创造活动的动力因素，能推动和激励人们发动和维持进行创造性活动；创造兴趣能促进创造活动的成功，是促使人们积极探求新奇事物的心理倾向；创造情感是引起、推进乃至完成创造的心理因素，只有具有正确的创造情感才能使创造成功；创造意志是在创造中克服困难、冲破阻碍的心理因素，创造意志具有目的性、顽强性和自制性。

在20世纪20年代到30年代，福特一世以大规模生产黑色轿车独领风骚十余载，但随着时代变迁，消费者的消费需求也发生着变化，人们希望有更多的品种、更新的款式、更加节能降耗的轿车。而福特汽车公司的产品，不仅颜色单调，而且耗油量大、废气排放量大，完全不符合日益紧张的石油供应和日趋紧迫的环境治理的客观要求。此时，通用汽车公司和其他几家公司则紧扣市场脉搏，制定出正确的战略规划，生产节能降耗、小型轻便的汽车，在20世纪70年代的石油危机中，后来居上，使福特汽车公司一度濒临破产。所以，福特公司前总裁亨利·福特深有体会地说："不创新，就灭亡。"

资料来源：360问答网

（二）创新意识的特征

1. 新颖性

新颖性是创新意识最突出的特征。创新意识就是求新意识，或是为了满足新的社会需求，或是用新的方式更好地满足原来的社会需求。

2. 社会历史性

创新意识的社会历史性主要表现在以下两个方面：

（1）创新意识是以提高物质生活和精神生活水平需要为出发点的，而这种需要很大程度上受具体的社会历史条件制约，在阶级社会里，创新意识受阶级性和道德观影响制约。人们的创新意识激起的创造活动和产生的创造成果，是为人类进步和社会发展服务的，创新意识必须考虑社会效果。

（2）不同的历史时代，人们的创新意识不尽相同，所以创新是针对特定时代而言的。古人不会想到马车被汽车取代，更不会想到人类登上其他星球。立足眼下，把眼前的阻碍除清，把身边的不便化解，这就是创新意识。

3. 个体差异性

个体差异性是指人们的创新意识和他们的社会地位、文化素质、兴趣爱好、情感志趣等相关联，而在这些方面，每个人都会有所不同。

创新意识的产生

创新意识来源于生活，是在对生活进行长期的观察、思考后产生的创造性的新思考，有时也可能是"灵光一现"。从事创新意识工作的人要具备三个基本条件：一是要有一定的知识积累；二是要善于观察思考和归纳总结；三是要具有创造性思维。一般来说，

创新意识的产生需要遵循以下五个步骤：

（1）搜集原始资料、数据，包括待解决问题的全部资料、数据和平时积累的一般性知识。

（2）认真研究分析资料、数据，找出这些资料、数据之间的内在联系并开始产生不完整的构思。

（3）深思熟虑，让知识、信息和经验在脑海里融会贯通。不要急于求成，要有一个创造的过程。

（4）实际产生创新意识，有可能是突然出现的，也有可能是经过再思考后慢慢形成的。

（5）听取不同意见，完善创新意识方案以使其能够实际应用。

二、培养创新意识的方法

善观察，勤思考

住在纽约郊外的詹姆斯·普利姆普顿是一个普普通通的公务员，他唯一的爱好便是滑冰。纽约的近郊，冬天到处都会结冰。冬天一到，他有空就到那里滑冰自娱，然而夏天就只能到室内滑冰场去滑个痛快。去室内滑冰场是需要钱的，但詹姆斯的收入有限，不便常去，但待在家里也不是办法，深感日子难受。有一天，他百无聊赖，突然一个灵感涌上来："鞋子底面安装轮子，就可以代替冰鞋了，普通的路就可以当作滑冰场。"几个月后，他与人合作开了一家制造滚轮溜冰鞋的小工厂。他做梦也想不到，产品一问世，立即就成为世界性的商品。没几年工夫，他就成了百万富翁。

资料来源：简书网

问题与思考：

在平时的生活中，创新意识是怎样培养的？

（一）培养求知欲

"学而创，创而学"，这是创新的根本途径。大学生要具备勤奋求知精神，不断地学习新知识，才能在自主创新中发挥主力军作用。

（二）培养好奇欲

培养好奇欲，即将蒙昧时期的好奇心向求知时期的好奇心转化，这是坚持、发展好奇心的重要环节。大学生应当对自己接触到的现象保持旺盛的好奇心，要敢于在新奇的现象面前提出问题，不要怕问题简单，不要怕被人耻笑。

好奇心是点燃创新的火把，只有保持好奇心，多问为什么，一切才会有所开始。牛顿因为好奇发现了万有引力，瓦特因为好奇发明了蒸汽机，阿基米德因为好奇发现了杠杆原理。

我国伟大的地质学家李四光小时候常常一个人靠着家乡的一些来历不明的石头出奇地遐想、好奇地自问，为什么这里会出现这些孤零零的巨石？它们是借助什么力量到这儿来的？后来李四光走遍全中国的山川河流，做了大量的考察与研究，终于断定这些怪石是冰川的浮砾，是第四纪冰川的遗迹，纠正了国外学者断定中国没有第四纪冰川的错误理论。

资料来源：学习啦网

（三）培养创造欲

创造欲就是不满足于现成的思想、观点、方法及物体的质量、功用，经常思考如何在原有基础上创新发明、推陈出新，大脑里经常有“能否换个角度看问题？有没有更简捷有效的方法和途径？”等问题盘旋。诺贝尔奖获得者物理学家阿伯特·森特·乔尔吉说：“创造和发现即是见他人之所见，想他人之不想。”

（四）培养质疑欲

“学起于思，思源于疑”，有疑问才能促使大学生去思考、去探索、去创新。大学生应该大胆质疑，提出多种解决问题的方案及最佳方法。提出问题是取得知识的先导，只有提出问题，才能解决问题，才能继续前进。

大学生培养创新意识和创新能力的重要意义

（1）创新意识和创新能力是大学生素质教育的核心。创新意识和创新能力是人综合能力的外在表现，它是以深厚的文化底蕴、高度综合化的知识、个性化的思想和崇高

的精神境界为基础的。心理学领域的研究表明，创新意识和创新能力是一种认识、人格、社会层面的综合体，涉及人的心理、生理、智力、思想、人格等诸多方面，并且和这些方面相辅相成，创新意识和创新能力能巩固和丰富人的综合素质。

（2）创新意识和创新能力是大学生获取知识的关键。在知识经济时代，知识的增长率加快，知识的陈旧周期不断缩短，知识转化的速度猛增。在这种情形下，知识的接受变得并不重要，重要的是知识的选择、整合、转换和操作。大学生最需要掌握的是那些迁移性强、概括程度高的"核心"知识，而这些知识并非是靠言语所能"传授"的，它只能通过学生主动地"构建"和"再创造"而获得，这就需要大学生的创新意识和创新能力在其中主动地发挥作用。

（3）创新意识和创新能力是大学生终身学习的保证。随着高等教育规模的不断扩大，高等教育职能正在由精英教育向素质教育转化，学习也正在由阶段教育向终身教育转化，学习将成为个人生存、竞争、发展和完善的第一需要。在创新意识和创新能力的指引下，大学生有能力在毕业之后，利用各种有利条件，根据所从事的工作不断完善自身的知识和能力结构，更好地达到完善自我和适应社会的目的，从而为终身教育打下坚实的基础。

创新案例及分析

快递单上印广告——"90后"创业者吸引千万投资

刘某就读于湖南省某学校，因家里生活拮据，她在课余时间找了一份发传单的工作。其间，刘某发现，很多人为了尽快发完传单，将几张传单发给同一个人，发不完的传单便丢进垃圾桶。

"如何能让一份传单被多人阅读呢？"刘某想到了快递单，如今网络购物的人那么多，如果将广告印在快递单上，至少可以保证送件员和收件人可以阅读。而且，广告投放商也可以查询到投放广告单的有效数量。

当晚，刘某便将这个想法与同学李某交流。次日，她们又召集了另外两名同学，大家一致同意后决定创业。之后，他们又找了些其他同学，组成了10余人的"创业队伍"。他们分成两组，一组人联系快递公司，以免费提供快递单作为条件，换取快递单的广告位；另一组人则去寻找愿意在快递单上做广告的客户。

但是，半个月过去，除了有几家快递公司愿意合作外，团队并没找到愿意投放广告的商家。当时一些同学已经放弃，刘某也开始怀疑自己的创业模式。

当时刘某正在约见一家网上售卖零食的店商。连续一周，她每天都会打两个电话给这家公司的前台，但对方均以“相关领导不在”为由拒绝接待。于是，她便将“快递单广告”宣传资料放在信封内，乔装成快递员让该公司前台转交给相关领导。

等待一周后，该公司终于与她联系。见面了解后，该公司支付了 8 000 元，买下了快递单上的两个广告位。这首笔订单不仅解决了团队的创业资金，更给团队带来了巨大的精神鼓励。

如今，这个年轻团队也得到一名投资人的支持。该投资人表示，他非常看好“快递单广告”行业，刘某提供了很好的创业点子，虽然这群学生的社会经验有所欠缺，但可塑性很强，又有创业激情，并表示愿意与他们合作。

刘某和她的团队创业两个月后，已有 11 家快递公司加入，50 多个商家投放广告，营业收入将近百万。某快递公司分部经理表示，该分部平均每天同城快递有 2 000 多份，每张快递单成本 3 毛，使用该团队免费提供的快递单，每天能节约 600 多元成本；而投放广告的某网络店家也表示，网购人群以年轻白领居多，正是他们所需要的客户群，目前投放效果不错，每天能增加 30～40 个订单。

从以上案例可以看出，有时候创业并不需要太多社会阅历，不需要庞大的资金，不需要有职场老手指导。一些成功的创业者往往靠的是一个新点子，这就抓住了致富机会。

探索活动

微商运营金点子活动

活动目的：

培养学生的创新意识。

活动背景：

随着以微博、微信为代表的移动互联网的兴起，“微商”作为一个新名词诞生了。有很多在职人员、全职妈妈、在校学生都在做微商，其中不乏成功人士。然而，由于微商加入的门槛低，很难保证每个微商都规范经营，以致造成市场鱼龙混杂，大量“三无”产品充斥市场。消费者对微商的信任程度正在逐渐降低。

模拟情景：

小丽是某高校的一名女生，希望利用课余时间进行创业。经过仔细考虑，她觉得虽然消费者对微商的信任度正逐渐降低，但如果有好的创意和点子，在微信平台上开店并非不能赚钱；而且做微商成本低，时间自由，正好适合她这样的学生进行创业。

金点子：

请大家为小丽的创业项目出谋划策（可分组进行），包括：

（1）经营什么有创意的产品，使其能从众多微商经营的产品中脱颖而出？

（2）如何进行创意营销，将经营的产品推广出去？

（3）除微信平台外，还有哪些网上平台适合小丽在其上进行创业？

活动检测：

活动结束后，教师可根据表 1-2 进行评分。

表 1-2　探索活动评价表

评分标准	分值	实际得分	备注
金点子的可实施性	25		
产品创意	25		
营销创意	25		
其他	25		
总分	100		

能力训练

创新意识训练

训练一：阅读下列故事并思考，怎样看待工作中遇到的难题？怎样才能把不可能的事变成可能？

一次，莫扎特对他的老师海顿说：“老师，我写了一首曲子，你准弹不了。”

“那怎么可能？还有老师不会弹的曲子吗？”海顿自信地说。

但是，当他从莫扎特手中接过乐谱，弹起来以后就发现：当他的双手分别弹向钢琴的两端时，正好有一个音符出现在琴键的中间位置，于是海顿假装生气地说：“你是不是在搞恶作剧为难老师？”很快他又笑着说：“这首曲子谁也弹不了啊。”

“我就可以。”莫扎特坐在钢琴前很自信地弹了起来。当弹到那个海顿认为“不能弹奏”的音符时，只见他迅速地低下头，用自己的鼻子按响了琴键，很轻松地把这个难题给解决了。

海顿大为赞叹，对眼前的这位学生很是佩服。

训练二：巧排队列

24 个人排成 6 列，要求每 5 个人为一列，请问该怎样排列？

训练三：如何杜绝门前乱停车现象？

某单位因紧邻商业街，门前总是被乱停放的车子所堵，虽安排人员轮流值班劝阻，也立了禁止停车的牌子，但都收效甚微。请问你有妙招阻止门前乱停车的现象吗？

训练四：如何分配马匹？

一个人临终前把三个儿子叫到身边说，家里有 17 匹马可当遗产分，大儿子分得 1/2，二儿子分得 1/3，三儿子分得 1/9。怎么划分？

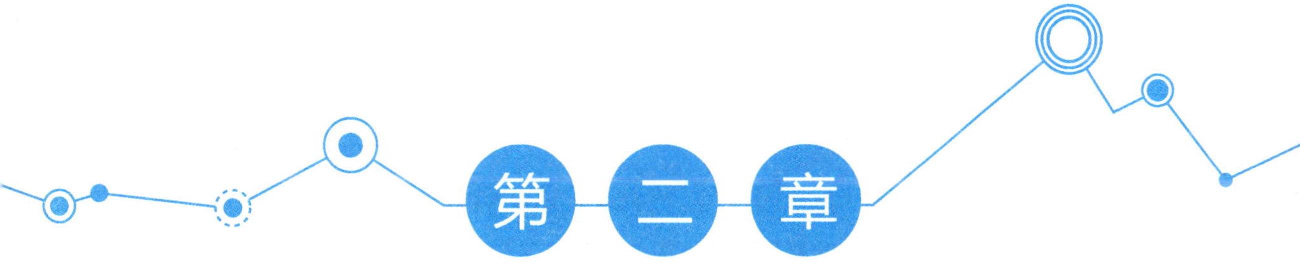

第二章 培养创新思维，掌握创新方法

知识目标

- 了解创新思维的含义及类型。
- 熟悉培养创新思维能力的方法。
- 掌握常用的创新方法。

能力目标

- 能积极提升创新思维能力。
- 能自觉学习运用创新方法。

素质目标

- 自觉树立创新思维意识。
- 自觉培养创新思维素养。

第一节　培养创新思维

问题导入

创新思维是创新活动的灵魂和核心。我们要想具备创新思维，就应当改变思维方式，善于运用逆向、发散、联想等思维方式思考问题，从而发现解决问题的新途径、新办法。在进行本节的学习之前，先思考以下几个问题：

（1）什么是创新思维？

（2）如何才能培养创新思维能力？

一、创新思维的基本知识

图书馆“搬家”

英国国家图书馆是世界上著名的图书馆，里面的藏书非常丰富。有一次，图书馆要搬家，即从旧馆搬到新馆，结果一算，光搬运费就要几百万英镑，图书馆根本没有那么多钱。怎么办？有一个馆员向馆长提出了一个建议，结果只花了几千英镑就解决了图书馆搬家的问题。

按照该馆员的建议，图书馆在报上登了一则广告：从即日起，每个市民可以免费从图书馆借 10 本书，其条件是从旧馆借出还到新馆去。结果，广告一出，市民蜂拥而至，没几天就把图书馆的书借光了，而且大家都按期把书还到了新馆。就这样，图书馆借用大家的力量搬了一次家。

资料来源：搜狐教育网

问题与思考：

从案例中我们能得到什么启示？

（一）创新思维的含义

思维是指在表象、概念的基础上进行分析、综合、判断、推理等认识活动的过程，或者说是指向理性的各种认识活动。

创新思维是一种有创见的思维，即人脑对客观事物未知成分进行探索的活动，是人脑发现和提出新问题，设计新方法，开创新途径，解决新问题的活动。通过创新思维常常能突破常规思维的界限，以超常规甚至反常规的方法、视角去思考问题，提出与众不同的解决方案，从而产生新颖的、独到的、有社会进步意义的思维成果。

创新思维是进行创新实践活动的基础条件，是思维的高级形式。创新思维的培育是提高创新能力的关键。

（二）创新思维的类型

1. 逆向思维

逆向思维，又称求异思维，是对司空见惯的、似乎已成定论的事物或观点反过来思考的一种思维方式。例如，有人落水，常规的思维模式是“救人离水”，而司马光面对紧急险情，运用了逆向思维，果断地用石头把缸砸破，“让水离人”，从而救了小伙伴的性命。逆向思维主要有以下三种形式：

（1）反转型逆向思维，即将通常思考问题的思路反过来思考。

（2）转换型逆向思维，即在研究一个问题时，由于解决该问题的手段受阻，而转换成另一种手段，或转换角度思考，以解决问题。

（3）缺点型逆向思维，即利用事物的缺点，将缺点变成可利用的东西。

从前，有一辆货车在通过一座天桥时，因为司机没有看清楚天桥的高度标记，而被卡在了天桥下面。车上当时装的货物很重，所以一时很难开出来。为了开出这辆货车，司机和当地交管部门的工作人员想了很多办法，都无济于事。这时，旁边围观的一个小孩子走了上来，笑着说：“你们为什么不把车胎的气放点出来呢？”大家一想，都觉得这确实是个办法。于是，司机便放了一点车胎气，使货车的高度降了下来，最终货车顺利地通过了天桥。

这就是逆向思维的奇妙之处，小孩子运用逆向思维，想到了其他人没有想到的方法，巧妙地使货车降低了高度，顺利通过了天桥。

资料来源：个人图书馆网

发散思维

2．发散思维

发散思维，又称辐射思维、放射思维、扩散思维或求异思维，是指在对事物或问题的研究中，保持思想活跃和开放状态的思维方式。

发散思维没有一定的方向，也没有一定的范围，它既不墨守成规，也不拘于传统，进而使思维由单向思考转换成多向思考或立体思考。从一定程度上来说，人与人创新能力的差别就体现在发散思维的能力上。

发散思维作为一种创新思维方法，不仅被广泛运用于科学研究和科技发明中，也被广泛运用于企业经营中。

3．联想思维

联想思维是在原先并不相关的事物之间搭起一座桥梁，将表面看来互不相关的事物联系起来的一种思维方式。联想思维可以使我们扩展思路、升华认识、把握规律，具体可细分为以下几种：

联想思维

（1）接近联想，即由一事物联想到在时间上或空间上相接近的另一事物。例如，由阳春三月联想到桃花，由天安门联想到人民大会堂，由三角形的外角和是360°联想到四边形、多边形的外角和是不是也都是360°等。

（2）对比联想，即由一事物联想到和它具有相反特点的另一事物。例如，由朋友联想到敌人，由水联想到火，由战争联想到和平等。

（3）相似联想，即由一事物联想到与它性质接近或相似的事物。例如，由大海联想到海浪，联想到鱼群，联想到轮船，联想到海底电缆，联想到海洋资源的开发和利用等。

（4）关系联想，即由事物所具有的各种关系而形成的联想思维。例如，由月球联想到宇宙，由猿猴联想到动物，由地面的潮湿联想到下雨等。

4．灵感思维

灵感思维是指在事物的接触及思考中，因受到某种启发而产生的思维方式。灵感思维是在科学研究和文学艺术创作中经常出现和运用的一种创新思维方式。

由于灵感思维具有转瞬即逝的偶发性，所以，在平时的生活中要善于抓住这种稍纵即逝的灵感，对此进行深入思考和研究，以促成新生事物的应运而生或疑难问题的解决。

5．纵向思维

纵向思维，又称纵深思维或纵深思考，是按照既定的目标和方向，在现有的基础上，向纵深领域深化、挖掘的一种创新思维方式。

纵深思考的创新思维方法不仅对我们实现重大发明有帮助，而且对我们加强品德修养，塑好人格形象，其影响和作用也是不可低估的。

6．求异思维

求异思维是指思维主体对某一研究问题求解时，不受已有信息或以往思路的限制，从不同方向、不同角度去寻求解决问题的不同答案的一种思维方式。

求异思维方法的核心是：积极求异，灵活生异，多点创异，最后形成异彩纷呈的新思路、新见解。可以说，求异思维方法是孕育一切创新的源头，科学技术史上许多发现或发明就是运用这种思维方式的结果。

创新思维的特征

创新思维就是以新颖的思路和崭新的方法解决问题，具有以下特征：

（1）敏感性。要想打破常规思维的界限，产生创新思维成果，就必须敏锐地感知客观世界的变化。

（2）新颖性。创新思维重在创新，体现为在思考的方式上、思路的方向上、思维的角度上具有创造性和开拓性。认识事物时不停留在原有的层面上，而是进行重新的认识和分析，以独特的方法解决问题，用新奇的方式处理事情，产生新产品、新工艺、新方法或新方案等，从而形成和产生新的实用性或新的价值。

（3）联动性。创新思维具有由此及彼的联动性，这是创新思维所具有的重要特征。联动方向有三个：一是纵向，就是看到一种现象，就向纵深思考，探究其产生的原因；二是逆向，就是发现一种现象，则想到它的反面；三是横向，就是能联想到与其相似或相关的事物。创新思维的联动性表现为由浅入深、由小及大、触类旁通、举一反三，从而获得新的认识和新的发现。

（4）开放性。创新思维是开放的，要创新就必须善于学习、勤于思考，实现与外界的物质、能量和信息的交换。

（5）跨越性。创新思维属于非常规性、非逻辑性的思维活动。具有创新思维的人常常独具卓识，敢于质疑，善于破除陈规和思想的禁锢，善于从新的角度思考问题，力求另辟蹊径，得到突破性的新发现。

二、创新思维能力的培养

东芝公司的电扇营销

日本的东芝电气公司在1952年前后曾一度积压了大量的电扇卖不出去，7万多名职工为了打开销路，费尽心思地想了不少办法，但依然进展不大。有一天，一名小职员向当时的董事长提出了改变电扇颜色的建议。在当时，全世界的电扇都是黑色的，东芝公司生产的电扇自然也不例外。这个小职员建议把黑色改为浅色。这一建议引起了石坂董事长的重视。经过研究，公司采纳了这个建议。第二年夏天，东芝公司推出了一批浅蓝色电扇，大受顾客欢迎，市场上还掀起了一阵抢购热潮，几个月之内就卖出了几十万台。从此以后，电扇不再都是一副统一的黑色面孔。

只是改变了一下颜色，大量积压滞销的电扇就在几个月之内销售出去了几十万台，公司因为此举获得了巨大的效益。事后，大家可能会觉得这个想法非常简单，但是，当时为什么东芝公司的其他几万名职工就没有想到呢？这是因为自有电扇以来，其一直都是黑色的，大家也都彼此效仿，代代相传，形成了一种惯例。时间越长，人们受到的束缚就越大，而这名小职员的可贵之处就是突破了“电扇只能是黑色的”这一思维定式的束缚。

资料来源：360个人图书馆网

问题与思考：

东芝公司的电扇为什么能从积压产品变为畅销产品？从中我们有什么启示？

（一）破除创新思维枷锁

影响人们进行创新思维的枷锁大致有从众型思维枷锁、权威型思维枷锁、经验型思维枷锁、书本型思维枷锁和自我贬低型思维枷锁五种。思维枷锁一旦形成，就很容易演变成一种非理性的思维模式。对于创新而言，突破思维障碍，从思维方法上寻求解决办法是非常有必要的。

1. 避免先入为主

人们在生活中往往会先入为主，凭自己的主观猜测，而不是依据事实来做出判断。如果总是喜欢道听途说，凭印象做出判断，就很容易形成对人或对事的思维定式或偏见，不利于形成客观判断。

多年前，有一家酒店的电梯不够用，打算增加一部。于是酒店请来了建筑师和工程师研究如何增设新的电梯。专家们一致认为，最好的办法是每层楼打个大洞，直接安装电梯。方案定下来之后，两位专家坐在酒店前厅商谈工程计划。他们的谈话被一位正在扫地的清洁工听到了。

清洁工对他们说："每层楼都打个大洞，肯定会尘土飞扬，弄得乱七八糟。"工程师瞥了清洁工一眼说："那是难免的。"清洁工又说："我看，动工时最好把酒店关闭些日子。"工程师说："那可不行，关门一段时间，别人还以为酒店倒闭了呢。再说，那也影响收益呀。""我要是你们，"清洁工不经意地说，"我就会把电梯装在楼的外面。"工程师和建筑师听了这话，相视片刻，不约而同地为清洁工的这一想法叫绝。于是，便有了近代建筑史上的伟大变革——把电梯装在楼外。

资料来源：小故事网

2. 提高知识和修养水平

一个人的知识和修养水平越高，其观察和分析问题的能力就越强，盲目跟风的可能性就越小。但是，不能过度依赖知识和经验，要学会搜集与处理知识，灵活运用知识，形成自己的独立判断，不要人云亦云。

3. 强化创新意识

大学生要强化自己的创新意识，精神奋发、斗志昂扬，敢于打破对传统、权威、书本的迷信，敢走前人没有走过的路，敢创前人没有开创的新事业。

4. 投身社会实践

马克思主义认为，"实践是检验真理的唯一标准"，大学生要培养创新能力，必须积极投身社会实践。在课堂学习之余，充分走向社会，融入实践劳动，进行创新思维锻炼。只有在实践中才能找出想与做的差距，只有在实践中创新理念才能变为现实，也只有在实践中才能让大学生的创新意识、创新能力得到真正的发展。

（二）充分激发创新思维潜能

1. 精通所学，兴趣广泛

创新绝不是无本之木、无源之水，唯有打牢知识的基础，创新才有可能。因此，大学生应精通所学课程，并培养广泛的阅读兴趣。试想一想，牛顿、伽利略、爱迪生等哪一个不是满腹经纶的学问大家？

2. 处处留心皆学问

学习绝不仅限于课堂和读书，事实上，学习无处不在，与他人交流是学习，上网是学习，看电视也是学习，其关键在于是不是用心。例如，看古装电视剧，可以了解一些历史知识，如古人的习俗、衣着、饮食习惯、家具陈设及计谋等；看现代电视剧，可以了解当代年轻人的所思、所想和所为。

3. 理论与实践相结合

古人云：读万卷书，行万里路。唯有理论与实践相结合，理论才有意义。大学生应该活读书、读活书，而不应死读书、读死书。只有精通理论，才能更好地开展实践；只有拥有丰富的实践经验，才有可能产生新的理论。

4. 打破砂锅问到底

大学生要培养自己的创新意识，应富有怀疑精神，探究各种事物的本源及其实质，打破砂锅问到底。例如，牛顿看到苹果落下，进而发现了万有引力定律。

5. 梅花香自苦寒来

创新之路总是充满艰辛和坎坷，因此，大学生强化自己的创新意识，应注意培养自己坚忍不拔的精神和顽强的毅力。

6. 无限风光在险峰

人在绝境或遇险的时候，会展示出非凡的能力。没有退路就会产生爆发力，这种爆发力就是潜能。所以，敢于给自己制造绝境，或许会开发出无穷无尽的潜能。在任何困难面前，认为自己行，才会激发头脑中潜在的能量，面对困境想出有效对策，从而产生有效行动。

有效提升创新力的四大关键能力

创新力是指打破常规与惯例，不断改进工作方法，提出具有社会价值和经济价值的新观点、新思路、新方法和新措施，创造出新产品和新成果的能力，具体包括：

（1）思考力，用头脑引爆创新潜能。创新并非高不可攀，每个人都可以通过思考发掘创新潜能。思考力是每个正常人都具有的自然属性和内在潜能，要相信自己可以，我能。思考力与其他能力一样，是可以通过教育、训练而激发出来并在实践中不断得到发展的。思考力是人类共有的可开发的财富，是取之不竭用之不尽的“能源”。

（2）观察力，用双眼洞彻创新时机。熟视无睹导致很多人失去观察力、创新力，生活处处需要创新，只是缺少发现创新时机的眼睛。

（3）想象力，驶向创新力的风帆。谈到想象力，提到最多的应该是孩童时代，教育中也再三强调不要抹杀孩子的想象力。插上翅膀飞的汽车、能够感应心灵的机器人等，最初也许就是孩童时代的某个想象而已，有些人成功了，只是通过行动把想象变成了现实而已。永远保持孩童时代的好奇心和想象力是创新的源泉和动力。

（4）多元思维能力，在思维转换中开启创新大门。换一个角度，变一种说法，变堵塞为疏导，就会轻而易举地达到目的。在创新的过程中，也需要学会这种变换视角、换个角度想问题的思维方法，这样更有助于我们进行创新。

创新案例及分析

Post it（即时贴）的发明

即时贴的发明者是美国 3M 公司的斯宾塞·希尔弗。据说他最初是想发明一种黏力很强的胶水，结果发明出来的却是黏力不强的胶水。这种黏力不强的胶水发明出来后便无人问津。

公司的化学工程师阿特·弗雷是教会唱诗班成员，他在星期天参加教堂唱诗班活动时，习惯在歌本里夹一张纸片以做记号，但纸片很容易滑落，经常需要弯腰从地上捡起来，十分麻烦。有一天弗雷在唱诗时忽然想到，要是有一种用时能牢牢地黏在纸上，不用时又能轻易揭去的“书签”就好了。刚好斯宾塞·希尔弗也注意到他的女同事常常用别针将小纸条别在文件上作为标记，但这样做很容易损害文件。结果他与阿特·弗雷“一拍即合”，两人经过一年半时间的研究和改良，一种黏揭自如的粘贴纸便诞生了。1980 年，3M 公司正式将这种具有革命性的产品命名为“Post it”，投入市场。时至今日，它已风行全球，且被评为 20 世纪改变人类生活方式的十大发明之一。

案例分析

胶水的黏力不强，按照正常的思维，我们会认为这是一个失败的产品。但是斯宾塞·希尔弗运用逆向思维，利用胶水黏力不强的特点，发明了即时贴这样一种符合市场需求的产品。正向思维是很多人都具备的一种思维能力，但逆向思维是许多人没有注意到的，这也是人与人之间思维差距的所在。创新需要逆向思维，因此在平时生活中，我们要注意观察、思考，不断培养自己的逆向思维能力。

探索活动

3 分钟创新思维探索

活动内容：

“下面我们来做一个思维游戏，测试一下大家的创新思维素质。游戏的规则是这样，请你们在纸上快速写出联想到的词汇，比如大海—鱼—渔船—天空……”思维教练给学员们讲解着，并命题道：“现在我说一个词‘电’，请大家由此快速展开联想，在 3 分钟内联想到的词汇越多越好。”

时间静静地流逝，学员们一个个伏案疾书，3 分钟的时间很快就到了，思维教练让 5 位学员把自己的答案写在黑板上。

（1）电—电话—电视—电线—电灯—电冰箱—食品—鸡蛋……

（2）电—闪电—雷鸣—暴雨—彩虹—太阳—宇宙—外星人……

（3）电—能源—石油—战争—伊拉克—美国—科技—强大……

（4）电—危险—机遇—成功—能力—艺术—自然—规律……

（5）电—风筝—节日—情人—红豆—袁隆平—荣誉—军人……

请同学们点评一下，上述 5 组联想中哪组的思维跳跃度最大？为什么？

活动检测：

活动结束后，教师可根据表 2-1 进行评分。

表 2-1　探索活动评价表

评分标准	分值	实际得分	备注
了解创新思维的含义	25		
掌握培养创新思维能力的方法	25		
点评 5 组思维跳跃度时理由充分	25		
通过活动，对待事物能快速展开联想	25		
总分	100		

能力训练

突破定式思维训练

（1）一只青蛙在两丈深的井底每天爬上 3 尺，退 2 尺，请问多少天能到达井口？

（2）有位老汉用 2 米长的绳子把牛鼻子牢牢拴住，把饲料框放在 3 米以外的地方就走开了。可是当他回来的时候发现，牛已经把饲料全吃光了，请问是怎么回事？

（3）王先生到 8 楼去办事，从大厅走到 4 楼用了 48 秒，再从 4 楼走到 8 楼需要多长时间？

（4）由 2 个阿拉伯数字 1 组成的最大数是多少？3 个呢？4 个呢？

（5）一盘红豆和一盘黑豆混在一起炒，炒完之后倒在两个盘子里，豆子自然分成两部分，一半红豆，一半黑豆。这是为什么？

你的答案正确吗？是什么因素妨碍了你的思维？

第二节　运用创新方法

问题导入

我们常常感叹自己被习惯性思维、条条框框所约束，不能提出有创意的想法。其实，创新也讲究一定的规律和技巧，可通过训练培养出来。本节将讲述产生创新创意的五种方法。在进行本节的学习之前，先思考以下几个问题：

（1）常用的创新方法有哪些？

（2）我们在生活中会经常使用哪种创新方法？

一、头脑风暴法

用创新思路寻找企业新的盈利增长点

上海兰生大酒店是一家 1993 年开业的四星级酒店，曾经在开业头 12 年里以平均年创利润 24%以上的盈利能力为同行所羡慕，1996 年，该酒店全年营收 1 亿多元，经营毛利达 4 000 多万元，创下当时上海酒店业的历史最高纪录。今天，兰生虽不再是上海东北角最高、最豪华的酒店，但业绩依然让人欣慰，2011 年还曾在高星级酒店餐饮外卖服务上独占鳌头。饭店的服务质量是什么？在加拿大西安大略大学著名的服务管理学教授伍德·法默和简·诺莱特的眼中，饭店的服务质量就是住店客的感觉。对此，上海兰生大酒店总经理非常赞同。兰生总经理说，“饭店服务的最高境界，就是让客户产生美好的感觉”。

“兰生曾经开展过一个内部的大讨论，探讨像我们这样的老饭店是否存在竞争优势。若将服务做到极致，是否应该讲求服务文化。”兰生总经理说，在这场讨论中，兰生大酒店的全体员工积极参与，热烈讨论，大家都认识到，上海的酒店越来越多，比硬件，兰生肯定比不过，比价格无优势，只有比服务、比创新，兰生才会有出路。经过讨论，酒店管理层决定，要让服务创新成为集体意志：

（1）公布酒店入住率来牵引大家的视线。兰生把每天的入住率通报都贴在员工食堂门口，让全饭店人都关注饭店的营收。

（2）“无 No”服务成为准则。那场大讨论后，兰生提出了“无 No”服务文化，并进行全员培训，让每位员工用心擦亮品牌。

之后，兰生大酒店经常号召大家用创新的思路来寻找企业新的盈利增长点。

资料来源：第一旅游网

问题与思考：

该酒店的内部大讨论是一种创新方法吗？

头脑风暴法，又称智力激励法、自由思考法、畅谈法和集思法，是由美国创造学家 A. F. 奥斯本于 1939 年首次提出、1953 年正式发表的一种激发创造性思维的方法。

（一）头脑风暴法成功的关键

头脑风暴法

头脑风暴法成功的关键是探讨方式，即群体能进行充分、非评价性和无偏见的交流，具体可归纳为以下几点。

1. 自由畅谈

参加者不受任何条条框框限制，放松思想，让思维自由驰骋，从不同角度、不同层次、不同方位，大胆地展开想象，尽可能地标新立异，与众不同，提出独创性的想法。

2. 延迟评判

当场不对任何设想做出评价，既不肯定某个设想或否定某个设想，也不对某个设想发表评论性的意见，一切评价和判断都要延迟到会议结束以后才能进行。

3. 禁止批评

每个人都不得对别人的设想提出批评意见，因为批评对创造性思维无疑会产生抑制作用。即使自己认为是幼稚的、错误的，甚至是荒诞离奇的设想，也不得予以驳斥。

4. 追求数量

会议的目标是获得尽可能多的设想。参加会议的每个人都要抓紧时间多思考，多提设

想。至于设想的质量问题，留到会后的设想处理阶段去解决。

有一年，美国北方格外寒冷，大雪纷飞，电线上积满冰雪，大跨度的电线常被积雪压断，严重影响通信。过去，许多人试图解决这一问题，但都未能找到解决办法。后来，电信公司经理为解决这一难题，召开了一次头脑风暴座谈会，参加会议的是不同专业的技术人员，经理要求他们必须遵守以下规则：

（1）自由思考。即要求与会者尽可能解放思想，无拘无束地思考问题并畅所欲言，不必顾虑自己的想法是否“离经叛道”或“荒唐可笑”。

（2）延迟评判。即要求与会者在会上不要对他人的设想评头论足，不要发表“这主意好极了！”“这种想法太离谱了！”之类的“捧杀句”或“扼杀句”。至于对设想的评判，留在会后组织专人考虑。

（3）以量求质。即鼓励与会者尽可能多而广地提出设想，以大量的设想来保证质量较高的设想的存在。

（4）结合改善。即鼓励与会者积极进行智力互补，在增加自己提出设想的数量的同时，注意思考如何把两个或更多的设想结合成另一个更完善的设想。

按照这种会议规则，大家七嘴八舌地议论开来，有人提出设计一种专用的电线清雪机；有人想到用电热来化解冰雪；也有人建议用振荡技术来清除积雪；还有人提出能否带上几把大扫帚，乘直升机去扫电线上的积雪。对于这种“坐飞机扫雪”的想法，大家心里尽管觉得滑稽可笑，但在会上也无人提出批评。相反，有一位工程师在百思不得其解时，听到用飞机扫雪的想法后，大脑突然受到冲击，一种简单可行且高效率的清雪方法冒了出来。他想，每当大雪过后，出动直升机沿积雪严重的电线飞行，依靠调整旋转的螺旋桨即可将电线上的积雪迅速扇落。他马上提出“用干扰机扇雪”的新设想，顿时又引起其他与会者的联想，有关用飞机除雪的主意一下子又多了七八条。不到一个小时，与会的技术人员就提出了 90 多条新设想。

会后，公司组织专家对设想进行分类论证。专家们认为设计专用清雪机，采用电热或电磁振荡等方法清除电线上的积雪，在技术上虽然可行，但研制费用大，周期长，一时难以见效。那种因“坐飞机扫雪”而激发出来的设想，倒是一种大胆的新方案，如果可行，将是一种既简单又高效的好办法。

经过现场试验，人们发现用直升机扇雪真能奏效，一个久悬未决的难题，终于在头脑风暴会中得到了巧妙的解决。随着创造活动的复杂化和课题涉及技术的多元化，单枪匹马式的冥思苦想将变得软弱无力，“群起而攻之”的战术则显示出攻无不克的威力。

资料来源：新浪博客网

（二）头脑风暴法的操作程序

1．准备阶段

主持人应事先对所议问题进行一定的研究，弄清问题的实质，找到问题的关键，设定解决问题所要达到的目标。同时选定与会人员，一般以5～10人为宜，不宜太多。然后将会议的时间、地点、所要解决的问题、可供参考的资料和设想、需要达到的目标等事宜一并提前通知与会人员，让大家做好充分的准备。

2．热身阶段

主持人宣布开会后，先说明会议规则，然后随便谈点有趣的话题或问题，让大家的思维处于轻松和活跃的状态，这个时间需5～10分钟。

3．明确问题

主持人简明扼要地介绍有待解决的问题，让大家就问题开始讨论。

4．重新表述

经过一段时间的讨论后，大家对问题已经有了较深程度的理解。这时，为了使大家对问题的表述能够具有新角度、新思维，主持人或书记员要记录大家的发言，并进行整理，找出富有创意的见解，以及具有启发性的表述，供下一步畅谈时参考。

5．畅谈阶段

畅谈是头脑风暴法的创意阶段。主持人引导大家自由发言、自由想象、自由发挥，使彼此相互启发、相互补充，真正做到知无不言、言无不尽、畅所欲言，然后将会议发言记录进行整理。

6．筛选阶段

将大家的想法整理成若干方案，再根据相关标准进行筛选。经过多次反复比较，优中择优，最后确定1～3个最佳方案。

头脑风暴法中主持人的技巧

（1）主持人应懂得各种创新思维和技法，会前要向与会者重申会议应严守的原则和纪律，要善于激发成员思考，使场面轻松活跃而又不失脑力激荡。

（2）可轮流发言，每轮每人简明扼要地说清楚一个创意设想，避免形成辩论会和发言不均。

（3）要以赏识激励的词句语气和微笑点头的行为语言，鼓励与会者多提设想，如“对，就是这样！”“太棒了！”“好主意！这一点对开阔思路很有好处！”等。

（4）禁止使用“这点别人已说过了！”“实际情况会怎样呢？”“请解释一下你的意思。”“就这一点有用。”“我不赞赏那种观点。”等。

（5）经常强调设想的数量，如平均3分钟内要发表10个设想。

（6）遇到人人皆才穷计短、出现暂时停滞时，可采取一些措施，如休息几分钟，再进行几轮脑力激荡；或发给每人一张与问题无关的图画，要求讲出从图画中所获得的灵感。

（7）根据课题和实际情况需要，引导大家掀起一次又一次脑力激荡的“激波”。例如，课题是某产品的进一步开发，可以将从产品改进配方思考作为第一激波，从降低成本思考作为第二激波，从扩大销售思考作为第三激波等。又如，对某一问题解决方案的讨论，引导大家掀起“设想开发”的激波，及时抓住“拐点”，适时引导进入“设想论证”的激波。

（8）要掌握好时间，会议持续1个小时左右，形成的设想应不少于100种。但最好的设想往往是会议要结束时提出的，因此，预定结束的时间到了后可以根据情况再延长5分钟，这是人们最容易提出好设想的时候。在1分钟时间里再没有新主意、新观点出现时，智力激励会议可宣布结束或告一段落。

二、水平思考法

牙膏口扩大一毫米

有一家牙膏厂，产品优良，包装精美，受到顾客的喜爱，营业额连续10年递增，每年的增长率在10%～20%。可到了第11年，业绩停滞下来，以后两年也是如此。公司经理召开高层会议，商讨对策。会议中，公司总裁许诺，谁能想出解决办法，让公司的业绩增长，就重奖10万元。有位年轻经理站起来，递给总裁一张纸条，总裁看完后，马上签了一张10万元的支票给了这位经理。那张纸条上写着：将现在牙膏的开口扩大1毫米。消费者每天早晨挤出同样长度的牙膏，每天的消费量将多出多少呢！公司立即更改包装。第14年，公司的营业额增长了32%。

问题与思考：

这位年轻经理是如何转换思维方式的？

水平思考，就是换位思考和换向思考。水平思考法是指在思考问题时摆脱已有知识和旧的经验约束，冲破常规，提出富有创造性的见解、观点和方案。这种方法的运用，一般是基于人的发散性思维，故又称为发散式思维法。

（一）水平思考法的特征

1．出其不意

运用水平思考法时应多利用偶然产生的构想，从多方面观察，把握思考的结果。因为偶然产生的构想有相互辅助印证的作用，可帮助人们产生意想不到的创意。

2．思维创新

水平思考法是一种通过非常规的、明显不合逻辑的方法和原理去寻求解决疑难问题的思维方式，这种方法通常是被传统的思维所忽略的。打乱原来的、明显的思维顺序，从另一个角度找到解决问题的方法，是水平思考法最显著的特征。

3．实用可行

水平思考法是一种让人们如何更具备创造性的实用方法。水平思考和发散思考一样，试图寻找多种可能性，但是水平思考具有收敛思考的一面，即逻辑性，它的意义在于通过系统地运用具体的技巧和工具来改变概念和感知，从而提出新的创意和概念。

有一家人决定搬进城里，于是去找房子。全家三口，夫妻两个和一个 10 岁的孩子。他们跑了一天，直到傍晚，才好不容易看到一张公寓出租的广告。他们赶紧跑去，房子出乎意料的好。于是，就前去敲门询问。这时，温和的房东出来，对这三位客人从上到下地打量了一番。丈夫鼓起勇气问道：“这房屋出租吗？”房东遗憾地说：“啊，实在对不起，我们公寓不招有孩子的住户。”丈夫和妻子听了，一时不知如何是好，于是，他们默默地走开了。

那 10 岁的孩子，把事情的经过从头至尾都看在眼里，并没有跟着父母离开，而是又走上去敲房东的大门。这时，丈夫和妻子已走出 5 米远，都回头望着。门开了，房东又出来了。这孩子精神抖擞地说：“老爷爷，这个房子我租了。我没有孩子，我只带来两个大人。”房东听了之后，高声笑了起来，于是决定把房子租给他们住。

资料来源：道客巴巴

（二）运用水平思考法时的注意事项

在实际操作上，水平思考法要摆脱某种事物的固有模式，从多角度、多侧面去观察和思考同一件事，善于捕捉偶然发生的构想，从而产生意料不到的创意。运用水平思考法，要注意以下事项：

（1）敢于打破占主导地位的观念，避免模仿，摆脱人们最常用的创意和表现方法等。

（2）多方位思考，针对问题提出各种不同的新见解。

（3）善于摆脱旧意识、旧经验的约束。

（4）要抓住偶然一闪的构思，深入发掘新的意念。

六顶思考帽法

六顶思考帽法是英国学者爱德华·德·博诺（Edward de Bono）博士开发的一种思维训练模式，或者说是一个全面思考问题的模型。它强调的是“能够成为什么”，而非“本身是什么”。

六顶思考帽法

一、六顶思考帽分类

六顶思考帽是指使用六种不同颜色的帽子代表六种不同的思维模式。任何人都有能力使用以下六种基本思维模式：

（1）白色思考帽。白色是中立而客观的。戴上白色思考帽，人们关注的是客观事实和数据。

（2）绿色思考帽。绿色代表茵茵芳草，象征勃勃生机。绿色思考帽寓意创造力和想象力，它具有创造性思考、头脑风暴、求异思维等功能。

（3）黄色思考帽。黄色代表价值与肯定。戴上黄色思考帽，人们从正面考虑问题，表达乐观的、满怀希望的、建设性的观点。

（4）黑色思考帽。戴上黑色思考帽，人们可以运用否定、怀疑、质疑的看法，合乎逻辑地进行批判，尽情发表负面的意见，找出逻辑上的错误。

（5）红色思考帽。红色是情感的色彩。戴上红色思考帽，人们可以表现自己的情绪，还可以表达直觉、感受、预感等方面的看法。

（6）蓝色思考帽。蓝色思考帽负责控制和调节思维过程。它负责控制各种思考帽的使用顺序，规划和管理整个思考过程，并负责做出结论。

二、应用步骤

（1）运用“白色思考帽”来思考、搜集各环节的信息，收取各个部门存在的问题，获得基础数据。

（2）戴上“绿色思考帽”，用创新思维来考虑这些问题，不是一个人思考，而是各层次管理人员都用创新的思维思考，大家提出各自解决问题的好办法、好建议、好措施。也许这些方法不对，甚至无法实施，但是，运用创新思考方式就是要跳出一般的思考模式。

（3）分别戴上“黄色思考帽”和“黑色思考帽”，对所有的想法从“光明面”和“良性面”进行逐个分析，对每一种想法的危险性和隐患进行分析，找出最佳契合点。

（4）戴上“红色思考帽”，从经验、直觉上对已经过滤的问题进行分析、筛选，并做出决定。

在思考过程中，还应随时运用“蓝色思考帽”对思考的顺序进行调整和控制。

三、设问法

发明听诊器的故事

1816 年的一天，法国巴黎纳克医院走出来一位身材修长的医生，他叫勒内克（1781—1826），此刻正皱着眉头想心事。

刚才，有位贵族小姐来求医，病人指着胸口诉说着病情。勒内克怀疑她是心脏病，建议让他把耳朵直接靠在小姐的胸脯上，听听心脏跳动的声音。

小姐红着脸说：“这怎么成呢？”

之后，勒内克一直想着发明一种器械，能把病人的心跳声和呼吸声直接引到耳朵里来，让医生在病人身边就能听清这种声音。

这一天，勒内克带着自己的小女儿，在一个公园里散步。忽然，他看见两个孩子在玩跷跷板。一个蹲在跷跷板的一端，把耳朵紧贴板面；还有一个站在另一端，用一根铁针在板上轻轻地划着，并且问：“听见没有？”另一个答道：“听见啦，好清楚啊！”勒内克觉得好奇，等两个孩子走后，他也把耳朵贴在板上，让小女儿到跷跷板的另一端，用钥匙在那边划木板。他听见清晰的“笃笃”声。

他忽然明白了一个道理：声音通过空气能向四面八方传播，所以声音传播距离远了就听不见了。要是让声音沿着木管或其他管子传播，声音就不能向四面八方扩散，再加上木材等固体的传声本领比空气强，损失也小，所以虽然距离较长，在另一端仍能听得清楚。

回到医院，勒内克找来一根小木棍，一端放在病人的胸部，一端放在自己的耳孔

里，果然清晰地听到了患者心肺活动的声音。后来，勒内克发现空心木管传声要比木棍好，于是，他改用了木管。这就是医生用的听诊器的来历。

资料来源：无忧考网

问题与思考：

听诊器的发明带给你哪些启发？

设问法是通过书面或口头的方式提出问题而引发思考、创造欲望，进而获取有益设想的一种技法。提出一个好的问题就意味着该问题解决了一半。一般地，富有创造力的人都善于提出问题并解决问题。设问是促使人们发现问题并解决问题的关键，也是提升人们创造力的重要途径。设问法主要包括 5W1H 法、信息交合法、逆向异想法、奥斯本检核表法与和田十二法。这里主要介绍奥斯本检核表法与和田十二法。

（一）奥斯本检核表法

奥斯本检核表法是指根据需要研究的对象的特点列出有关问题，形成检核表，然后一个一个地来核对讨论，从而发掘出解决问题的大量设想。奥斯本检核表原有 75 个问题，可归纳为九组提问（见表 2-2），其核心是改进，实施步骤如下：

奥斯本检核表法

（1）根据创新对象明确需要解决的问题。

（2）根据需要解决的问题，参照表中列出的问题，运用丰富的想象力，强制性地一个个核对讨论，写出新设想。

（3）对新设想进行筛选，将最有价值和创新性的设想筛选出来。

表 2-2　奥斯本检核表

序号	检核类别	检核内容
1	能否他用	现有的东西（如发明、材料、方法等）有无其他用途？保持原状不变能否扩大用途？稍加改变，有无别的用途？
2	能否借用	能否从别处得到启发？能否借用别处的经验或发明？外界有无相似的想法，能否借鉴？过去有无类似的东西，有什么东西可供模仿？谁的东西可供模仿？现有的发明能否引入其他的创造性设想之中？
3	能否扩大	现有的东西能否扩大使用范围？能不能增加一些东西？能否添加部件，拉长时间，增加长度，提高强度，延长使用寿命，提高价值，加快转速？
4	能否缩小	缩小一些怎么样？现在的东西能否缩小体积，减轻重量，降低高度，压缩变薄？……能否省略，能否进一步细分？
5	能否改变	现有的东西是否可以做某些改变？改变一下会怎么样？可否改变一下形状、颜色、音响、味道？是否可改变一下意义、型号、模具、运动形式？……改变之后，效果又将如何？

续表

序号	检核类别	检核内容
6	能否代用	可否由别的东西代替，由别的人代替？用别的材料、零件代替，用别的方法、工艺代替，用别的能源代替？可否选取其他地点？
7	能否调整	能否更换一下先后顺序？可否调换元件、部件？是否可用其他型号？可否改成另一种安排方式？原因与结果能否对换位置？能否变换一下日程？……更换一下，会怎么样？
8	能否颠倒	倒过来会怎么样？上下是否可以倒过来？左右、前后是否可以对换位置？里外可否倒换？正反是否可以倒换？可否用否定代替肯定？
9	能否组合	组合起来怎么样？能否装配成一个系统？能否把目的进行组合？能否将各种想法进行综合？能否把各种部件进行组合？

从摩托罗拉公司注册手机专利开始，一直到 1985 年，才诞生出第一台现代意义上的、真正可以移动的电话，然而当时它的重量达 3 千克，使用者要像背背包那样背着它行走，所以被叫作“肩背电话”。与现在形状接近的手机，诞生于 1987 年。与“肩背电话”相比，它显得轻巧得多，而且容易携带。尽管如此，其重量仍有大约 750 克，像一块大砖头。从那以后，手机的发展越来越迅速。1991 年时，手机的重量为 250 克左右；1996 年秋，出现了体积为 100 立方厘米、重量为 100 克的手机。此后，又进一步小型化、轻型化，到 1999 年就轻到 60 克以下。也就是说，一部手机比一枚鸡蛋重不了多少。

除了质量和体积越来越小外，现代的手机已经越来越像一把多功能的瑞士军刀。智能手机中加入了 GPS、加速器、陀螺仪、麦克风、照相机、蓝牙等大量设备，除了最基本的通话功能外，还可以用来收发邮件和短信，可以上网、玩游戏、拍照、看电影、发微信等，越来越多的使用功能，使智能手机风靡全球。

资料来源：道客巴巴

（二）和田十二法

和田十二法，又称“和田创新法则”，即指人们在观察、认识一个事物时，考虑是否可以采用、检验的十二类创新技法。和田十二法是在借鉴检核表法和其他创造方法的基础上，由我国创新学研究者在上海和田路小学实验后提炼总结出来的。它既是对奥斯本检核表法的一种继承，又是一种大胆的创新，表述简洁，便于掌握，从十二个角度提问，更具有启发性和发散性，有助于对问题的深刻理解。具体如下：

（1）加一加。将一件东西加高一点、加厚一些会怎样呢？增添一些零部件会有什么变化？把这件东西与其他东西组合在一起会有什么结果？

（2）减一减。将一件东西降低一点、减薄一点会怎样呢？取消一些零部件会有什么变化呢？

（3）扩一扩。将这件东西的尺寸放大一些会怎样呢？它的功能及应用范围能否扩展呢？

（4）变一变。改变一下这件东西的结构、形状、颜色、声音、味道会怎样呢？改变一下部件的安装位置又会怎样呢？

（5）改一改。这件物品还存在什么缺点？还有什么不足之处需要加以改进？使用时还有什么不方便及麻烦？有解决这些问题的方法吗？

（6）缩一缩。将这件东西的尺寸缩小一些会怎样呢？它能否压缩呢？压缩以后会有什么结果呢？

（7）联一联。这一事物与其他事物有何联系？事物的起因与结果有什么联系？把其他事物联系起来考虑，能帮助我们达到目的吗？

（8）学一学。有什么事物可以模仿？模仿它的形状、结构，会有什么结果？有什么知识或技术可以学习吗？掌握了它的原理、技术，又会有什么结果？

（9）代一代。这种物品能被其他物品代替吗？所用材料能用其他材料代替吗？解决问题的方法能够替换吗？

（10）搬一搬。把这件东西搬到别的地方，还能有别的用处吗？这个想法、道理、技术用到别的地方，也能用得上吗？

（11）反一反。把事物或者产品前后、左右、上下、正反、横竖、里外颠倒过来，会有什么结果？

（12）定一定。为了保证产品质量或者达到预期的目标，需要制定相应的标准、规范或者管理制度吗？

运用和田十二法的具体实例如表 2-3 所示。

表 2-3　运用和田十二法的具体实例

一件东西	缩小了什么	变成新东西	有了新功能
一般饼干	体积	压缩饼干	携带方便
风景区	景区	微缩风景	世界著名景区集于一处
传统电池	体积	纽扣电池	可以使用在很小的用品内
热水瓶	体积	保温瓶	携带方便
大量书籍	信息占用空间	光盘、U 盘、硬盘	节省空间、携带方便

奥斯本检核表法的优势

奥斯本检核表法是一种具有较强启发性的创新思维方法。这是因为它强制人们去思考，有利于突破一些人不愿提问题或不善于提问题的心理障碍。提问，尤其是提出有创见的新问题本身就是一种创新。它又是一种多向发散的思考，使人的思维角度、思维目标更丰富。另外，检核思考为创新活动提供了最基本的思路，可以使创新者尽快集中精力，朝提示的目标方向去构想、创造和创新。

奥斯本检核表法有利于提高创新的成功率。创新发明的最大敌人是思维的惰性，大部分人的思维总是自觉或不自觉地沿着长期形成的思维模式去看待事物，对问题不敏感，即使看出了事物的缺陷和毛病，也懒得去进一步思索。因此检核表法的设计特点之一就是多向思维，用多条提示引导你去发散思考。奥斯本检核表法中有九个问题，就好像有九个人从九个角度帮助你思考。你可以把九个思考点都试一试，也可以从中挑选一两条集中精力深思。

利用奥斯本检核表法，可以产生大量的原始思路和原始创意，它对人们的发散思维有很大的启发作用。当然，运用此方法时还要注意几个问题。首先，它要和具体的知识经验相结合，奥斯本检核表法只是提示了思考的一般角度和思路，思路的发展还要依赖人们的具体思考；其次，还要结合改进对象（方案或产品）来进行思考；最后，运用此方法时还可以自行设计大量的问题来提问，提出的问题越新颖，得到的主意越有创意。

四、5W2H 分析法

设计新颖的编席

日本京都有一家生产编席的小企业，由于地毯盛行，编席订货逐年减少，正面临着关门倒闭的危险。工厂经营人员经过反复讨论思考，认为必须设计出一种新颖的编席，才能满足人们不断变化的需求。那么，设计新颖的编席该从何处（Where）着手呢？

有一个经营人员提出，不妨试用塑料纤维编席子；另一个经营人员则提出，把黑色席边换成彩色席边。后者比较简单，于是他们就找来各种彩色布包边，果然十分漂亮，但是他们感到还不够新颖。有人就提出，如果把闪闪发亮的金丝编入席边，那一定会更

好看。大家对这一方案兴趣极大，结果一种带金丝席边的编席就问世了。这种新颖的席子十分畅销，而且还取得了专利。

资料来源：淘豆网

问题与思考：

从上述案例中你能得出什么提示？

5W2H 分析法，又称七问分析法。W 和 H 是取英文单词的第一个字母，包括 5 个 W 开头的问题和 2 个 H 开头的问题。5W2H 分析法简单、方便，易于理解、使用，富有启发意义，广泛用于企业管理和技术活动，对于决策和执行性的活动措施非常有帮助，也有助于弥补考虑问题过程中的疏漏。

5W2H 分析法

（一）5W2H 分析法的具体内容

（1）What——是什么？目的是什么？做什么工作？

（2）How——怎么做？如何提高效率？如何实施？方法怎样？

（3）Why——为什么？为什么要这么做？理由何在？原因是什么？造成这样的结果为什么？

（4）When——何时？什么时间完成？什么时机最适宜？

（5）Where——何处？在哪里做？从哪里入手？

（6）Who——谁？由谁来承担？谁来完成？谁负责？

（7）How much——多少？做到什么程度？数量如何？质量水平如何？费用及产出如何？

某航空公司在机场候机室二楼开设了一个小卖部，候机厅里每天人来人往，可奇怪的是，小卖部自开张之日起便一直门庭冷落。公司经理用“5W2H 法”进行了问题筛查，最后发现问题出在 Who（谁）、Where（地点）及 When（时间）三个方面。

（1）Who（谁），谁是顾客？机场小卖部在开设时便确定目标顾客是入境的旅客，但是这些旅客不需要上二楼。在二楼停留的大部分是送客或接客的人，他们完全可以在市内商场里购物，不必到机场小卖部来买东西。

（2）Where（地点），小卖部设置在何处？原来旅客出入境的路线是经海关检查后，直接从一楼左侧走，根本不需要走二楼。小卖部的位置没有设在旅客的必经之路上。

（3）When（时间），何时购物？入境的旅客不上二楼，那么出境的旅客便成了潜在顾客，但是他们也只有在办完行李托运等相关手续后才有时间和精力去小卖部，而机场却规定旅客登机前才能办理行李托运，这样出境的旅客根本没有时间光顾小卖部。

由此可见，小卖部生意不佳的原因有三：未能留住目标顾客和潜在顾客；小卖部的位置偏离了旅客的必经之路；旅客没有购物时间。针对这三点，经理与航空公司协商，调整了旅客行李托运时间和旅客出入境路线，从而保证了充足的客源，小卖部生意也日益红火起来。

资料来源：周杰，《大学生创新创业基础教程》，上海交通大学出版社，2018.

（二）5W2H 法的应用程序

下面以检查原产品的合理性为例，说明 5W2H 法的应用程序。

1. 检查原产品的合理性

（1）为什么（Why）？为什么采用这个技术参数？为什么不能有响声？为什么停用？为什么变成红色？为什么要做成这个形状？为什么采用机器代替人力？为什么产品的制造要经过这么多环节？为什么非做不可？

（2）做什么（What）？条件是什么？哪一部分工作要做？目的是什么？重点是什么？与什么有关系？功能是什么？规范是什么？工作对象是什么？

（3）谁（Who）？谁来办最方便？谁会生产？谁可以办？谁是顾客？谁被忽略了？谁是决策人？谁会受益？

（4）何时（When）？何时要完成？何时安装？何时销售？何时是最佳营业时间？何时工作人员容易疲劳？何时产量最高？何时完成最为适宜？需要几天才算合理？

（5）何地（Where）？何地最适宜某物生长？何处生产最经济？从何处买？还有什么地方可以作为销售点？安装在什么地方最合适？何地有资源？

（6）怎样（How）？怎样做省力？怎样做最快？怎样做效率最高？怎样改进？怎样得到？怎样避免失败？怎样求发展？怎样增加销路？怎样达到效率？怎样才能使产品更加美观大方？怎样使产品用起来方便？

（7）多少（How much）？功能指标达到多少？销售多少？成本多少？输出功率多少？效率多高？尺寸多少？重量多少？

2. 找出主要优缺点

如果现行的做法或产品经过七个问题的审核已无懈可击，便可认为这一做法或产品可取。如果七个问题中有一个答复不能令人满意，则表示这方面有改进余地。如果哪方面的答复有独创的优点，则可以扩大产品这方面的效用。

3．决定设计新产品

克服原产品的缺点，扩大原产品独特优点的效用。

这样的“5W2H”的思维方式，换种说法，就是管理的精确化、数字化，这不只限于执行工作指令时有用，还可以运用到管理的一切方面。在做任何事情的时候，头脑中都有如此精确化、数字化的概念，才能避免在工作中的盲目冲动或感情用事。例如，在审查一个改善方案是否有价值实施的时候，只要做一个“5W2H”的比较评价，立刻就会明白是否值得去做。

5W2H 分析法和 28 问

5W2H 分析法和 28 问具体内容如表 2-4 所示。

表 2-4　5W2H 分析法和 28 问

5W2H	28 问				结论
	第 1 层次	第 2 层次	第 3 层次	第 4 层次	
Who	是谁	为什么是他	有更合适的人吗	为什么是更合适的人	定人
When	什么时候	为什么在这个时候	有更合适的时间吗	为什么是更合适的时间	定时
Where	什么地点	为什么在这个地点	有更合适的地点吗	为什么是更合适的地点	定位
Why	什么原因	为什么是这个原因	有更合适的理由吗	为什么是更合适的理由	定原因
What	什么事情	为什么做这个事情	有更合适的事情吗	为什么是更合适的事情	定事
How	如何去做	为什么采用这个方法	有更合适的方法吗	为什么有更合适的方法	定方法
How much	花费多少	为什么要这些花费	有更合理的花费吗	为什么是更合理的花费	定耗费

五、综摄法

电杆问题的解决

某收发设备公司参加一个军事接收天线的竞标，要求天线在零下 40℃能正常使用。由于该公司所在地很少见到雪，因此公司设计了一种质量较轻的电杆，却遗忘了一个因素：天线因积雪结冰会变得超重，从而导致承载天线的杆子向下弯曲或折断。

但军方考虑到重量的原因（电杆应该轻便，三个士兵要能携带和运送），初步采用其方案，但要改进。但实际上，他们设计的杆子要想防止断裂，重量必须再增加一倍，公司为此陷入两难的境地，如图 2-1（a）所示。

为了解决这一难题，项目负责人决定召开综摄法会议，以商讨解决对策。经过前期头脑风暴式思考，搜集到加上加强肋、可拆卸套管结构、冰冻等多个想法。当听到冰冻时，其中一人结合自身经验，产生了在原有设计基础上使电杆表面结冰的念头。针对这一想法，展开热烈讨论。经集体努力，最终得出创造性方案——在原方案不变的基础上，给杆子创造一个粗糙的表面。

这样，杆子重量依然较轻，便于装卸及运输。而在安装后，当积雪使得天线重量增加的同时，杆子粗糙的表面也会因积雪而在其四周粘上冰层，冰包起来的电杆完全可以承受携有冰雪负载的天线。这样，一个动态变化的电杆就诞生了，如图 2-1（b）所示。

此杆轻便但不结实　此杆坚硬但笨重　轻便、易移动的天线　冰层可增加天线杆的强度

（a）　（b）

图 2-1　电杆问题的解决

资料来源：百度文库

问题与思考：

从上述案例来看，你对综摄法有什么认识？

综摄法是指以外部事物或已有的发明成果为媒介，并将它们分成若干要素，对其中的元素进行讨论研究，综合利用激发出来的灵感，来发明新事物或解决问题的方法。

综摄法的精髓是通过识别事物之间的异同，从而捕捉富有启发性的新思路，产生有用可行的创造性设想，并得出解决问题的方案。作为一种创意构思方法，综摄法在新产品开发、现有产品改进设计、广告创意及社会问题解决等方面都得到了广泛的应用。

（一）综摄法的基本规则

（1）变熟悉为陌生，是指对某些早已熟悉的事物，从新的角度或运用新知识进行观察和研究，从而摆脱陈旧固定看法的桎梏，产生创造性想法，即将熟悉的事物化成陌生的事物看待。

（2）变陌生为熟悉，是指把看不习惯的事物当成早已习惯的熟悉事物。要求我们在碰到一个完全陌生的事物或问题时，运用经验和熟悉的知识对其进行分析、比较，并根据这些结果，再思考用什么方法才能达到目的。

瑞士著名的科学家皮卡德（Auguste Picard）原是从事大气平流层研究的专家，他设计的平流层气球能飞到 15 690 米的高空。后来他转向对深水潜水器进行研究，并运用直接类比的思想创造出世界上第一艘能在水下自由行驶的潜水器。

以前的潜水器靠一根钢缆吊入海水中，不能自行浮出水面，也不能在海底自由行动，同时潜水深度也受到钢缆强度的限制，一直无法突破 2 000 米大关。

海和天虽然是两个完全不同的概念，但它们也存在一定的共性，海水与空气都是流体。皮卡德把平流层气球的原理（熟悉的）类比到自由升降的潜水器（陌生的）设计上，认为如果在潜水器上加一个浮筒，就能让潜水器在海水中自行上浮下沉。于是，他设计了一只由钢制潜水球和船形浮筒组成的潜水器。在潜水球中放入铁砂作为压舱用，借助铁砂的重力使潜水器下沉。同时，在浮筒中充满比海水轻的汽油，为潜水器提供浮力。如果要它浮上来，只要将压舱内的铁砂抛入海中，借助浮筒的浮力就能使潜水器再度升至海面。再加上一些动力装置，就可实现潜水器在任意深度的海洋中自由行驶。皮卡德父子也因此被誉为“能上天入海的科学家”。

资料来源：叶敏，《大学生创新创业教育》，上海交通大学出版社，2016.

（二）综摄法的实施

综摄法是一个流程化的方法，其操作步骤如图 2-2 所示。

（1）提出问题。提出待解决的问题，可由小组成员提出；也可来自外界，通过主持人宣读。

（2）专家分析。提出问题后，专家先对该问题进行解释和概要分析。

（3）净化问题。小组成员逐一谈想法，然后提交专家进行评价，由专家将十分新颖且具有启发性的观点记录下来，并做好标记。

（4）理解问题。从选择问题的某一部分入手，每一个参与者都要描述所感知到的问题，写下一种或多种见解，或者以期望性、理想化的语言对问题进行再定义。

（5）类比畅想。这一步是综摄法的关键所在。首先，主持人提出一些需要激发类比性答案的问题。其次，小组成员用类比法进行创造性思考，提出具体的类比想法。最后，主持人从众多具体的类比想法中选择一种来进行详细分析或阐释。

（6）牵强配对。这一步通常有两种做法：戈登的做法是把类比畅想（第五步）与被理解的问题（第四步）牵强地进行配对。在这种情况下，通常会激发产生极具创造性的想法。另一种做法是把两种元素牵强地联系在一起，同时尽其所能幻想，将二者联系起来。

（7）实用配对。在此阶段，要有效结合解决问题的目标，对之前开发出的类比案例进行深入研究，从类比的例子中彻底找到更明确、详尽的启示。

（8）制订方案。使用综摄法最终要形成对问题的新观点和解决方法，要充分发挥专家的作用，把创意构思转化为对问题的解决方案。

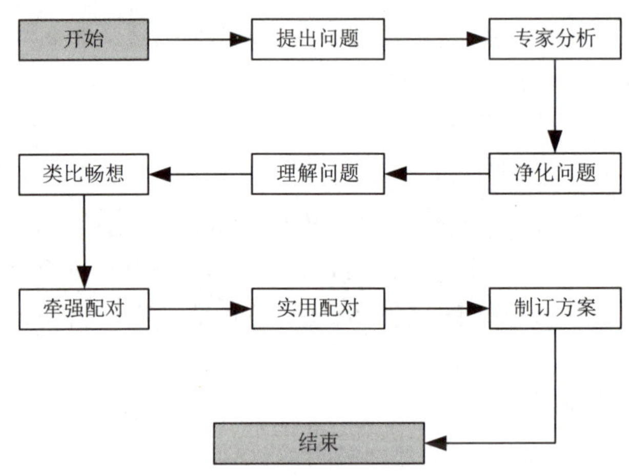

图 2-2　综摄法的操作步骤

综摄法的应用技巧

综摄法给予人们一种启示，即考虑问题要发散，不要拘泥于常识常规等，天马行空的想象力是发挥联想类推功能的基础。这种思考问题的方法，对于管理者也富有启发意义。综摄法的实施过程应注意以下事项：

（1）描述问题情况时，不应过分描述每一个复杂细节，只需对问题本身及背景做简短说明。

（2）多角度审视问题情境，多角度提出设想。

（3）不要拒绝不完善的想法，应仔细研究并尽力将其转化为贴合实际的解决途径。

（4）当得到的设想不能够解决问题时，应转换思路，打破原有的心理束缚。

（5）接受一切可能性，不要顾忌想法太过离奇。

每个人都是有潜在创造力可以被开发的，其创造过程是可以具体描述且被他人学习的，在运用综摄法实现创造的过程中，非理性因素比理性因素更重要，只有把握住以上应用技巧，才能更好地发挥综摄法的作用。

创新案例及分析

青年学生另类创业　坚持卖咖啡

渝北宝圣大道有一家不显眼的小店，进去却发现别有一番洞天：成排的书架，精致的手工点心，新鲜烘焙的咖啡……除了品书外，这里还会定期举行电影欣赏活动。这家名为“豆芽咖啡馆”的店是由四名年轻人在校期间创办的。

徐某是四人中的引领者，当时他发现学校周边没有特色咖啡馆，加之自己非常喜欢咖啡馆的氛围，于是决定在附近开一家咖啡馆。徐某一进校就认识的其他三位合作伙伴，一听到徐某的创业想法就一致赞同。

创业初期，四人将平时积攒下来的零花钱、奖学金、生活费及兼职的钱凑到一起，共筹集了 10 万元启动资金。为了节省开支，在装修、购置设备上都是靠他们自己想办法。从二手市场淘桌椅、饰品，然后回来自己上漆改造，自己粉刷墙面，拜师高级咖啡师，研习咖啡技术，花了差不多两个月的时间，咖啡馆终于正式开门营业。

自从开了咖啡馆，徐某他们就有点忙不过来了，“一个月瘦了 13 斤，为了经营好咖啡馆，常常是深夜 2 点才睡觉，而早上 7 点又要起床上课”。尽管很累，但大家都觉得值得。

在开店之前，四人都做好了明确的分工，有负责做线上线下宣传的，有负责运营的，有负责财务的。但是，开业一周时间来的顾客却并不多，都是熟悉的同学来捧场，外来的朋友和同学屈指可数。由于顾客少，又要交房租、水电气费，店里每月基本都在亏损。随着时间的推移，周边 KTV、茶吧、咖啡馆也多了起来，原本不好的生意更是雪上加霜。

在这期间，徐某与其他合伙人想到把咖啡馆与书店结合起来，通过环境优势吸引顾客。于是，他们就把自己平时收藏的图书搬到店里，后期又找到投资方合作共建咖啡图书馆，向顾客提供免费借阅图书服务。同时，徐某又对咖啡馆的咖啡品质进行了提升，为此，徐某还前往重庆当时唯一一家自家烘焙咖啡馆——Mola 咖啡学习。通过升级改造，店里的生意有了很大的起色。

四名学生运用组合创造法，将咖啡与图书相融合，创办了咖啡图书馆。想要创业成功，就必须坚持，因为成功的路上并不拥挤，只是坚持梦想的人不多，要相信成功就在前方！

营销创新探索活动

活动目的：

通过活动，使学生学会创新方法的运用。

活动内容：

以小组为单位，每个小组从自身熟悉或感兴趣的行业里选择一个产品（服务），为该产品（服务）设计一个广告词。该广告词要展示以下几点：

（1）广告词要体现出产品的功能或特点。

（2）广告词要能满足消费者的某种需求。

（3）广告词要能触动消费者的购买欲。

每个小组将本组的广告词说给其他小组听，由其他小组成员评判该广告词是否成功，并指出广告词存在的问题，评判标准见表 2-5（获得 60 分即算成功）。

表 2-5　探索活动评价表

评分标准	分值	实际得分	备注
广告词是否有创意	20		
广告词是否体现出产品的功能或特点	20		
广告词能否满足消费者的某种需求	20		
广告词能否触动消费者的购买欲	20		
其他	20		
总分	100		

活动讨论：

（1）为了成功推销该产品（服务），你们的营销方案进行了何种创新？采用了哪些创新方法？

（2）关于产品（服务）的目标人群、价值标准，你们是怎样设想的？

能力训练

训练一：头脑风暴法训练

针对“如何改善城市拥堵的交通状况”和“如何减轻城市空气污染”这两个社会问题，让学生运用头脑风暴法，提出解决办法。

（1）教师将学生分组，每 6～8 人一组，选出一个小组记录员。

（2）教师提出问题并留给学生 5 分钟左右的时间思考，让学生在放松的状态下思考、准备。

（3）每小组成员畅所欲言，然后各组派代表汇报结果。

（4）在规定时间内，提出设想最多的小组获胜。

训练二：奥斯本检核表法训练

利用奥斯本检核表法，构思出智能手机的创新思路，填入表 2-6 中。

表 2-6　智能手机的创新思路

序号	检核类别	引出的发明
1	能否他用	
2	能否借用	
3	能否扩大	
4	能否缩小	
5	能否改变	
6	能否代用	
7	能否调整	
8	能否颠倒	
9	能否组合	

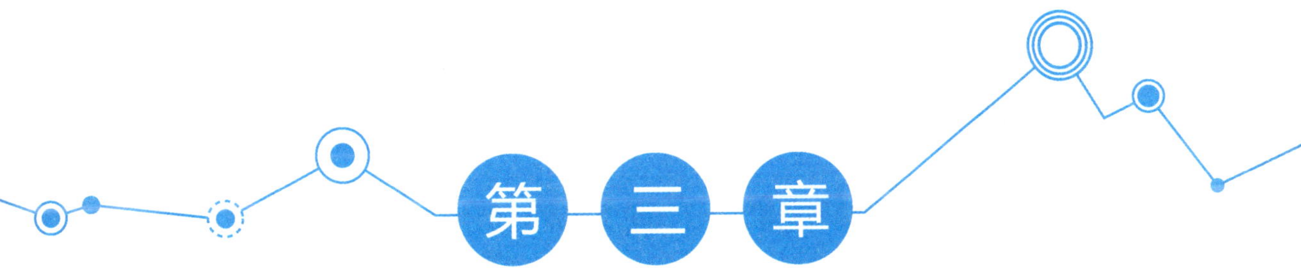

第三章 认识创业活动，关注创业环境

知识目标

- 掌握创业的含义。
- 了解创业的过程。
- 熟悉大学生的创业优惠政策。

能力目标

- 能自觉树立创业意识。
- 能主动学习和运用大学生创业优惠政策。

素质目标

- 主动激发创业兴趣。
- 自觉强化政策法律意识。

第一节 认识创业活动

问题导入

要进行创业，首先要了解创业的含义、要素和过程。在进行本节的学习之前，先思考以下几个问题：

（1）什么是创业？

（2）创业需要经历哪些过程？

（3）大学生为什么要进行创业？

一、创业的基本知识

拥有强大的内驱力，才能自己做老板

2016 年 6 月 7 日，KAB 全国推广办公室与广东省广发证券社会公益基金会联合举办“大学生微创业大讲堂”活动，给予大学生创业者扶持和指导，鼓励大学生积极投身创业行动。

“我才大一，想创业完全找不到方向，想研发一个 App，又没有技术，请问，对我们刚入校的大学生来说，是早点涉入创业，还是先把功课学好？”某学校经济学院的李同学向四位创业新锐提出了一直困惑自己的问题。对于很多刚刚踏入高校大门的学生来说，李同学的提问代表了他们的心声。

“在学校学好课程应该是第一要务，在专业上一定要过得去。”“嘟嘟巴士”创始人刘同学说，建议在此基础上，自己对哪些事情特别有兴趣、有成就感，就去尝试，哪怕只是一些“小生意”。

刘同学拿到大学录取通知后，提前一个多月就来到了学校，调研新生入学时需要什么，大到洗衣机、空调，小到脸盆、锁头，还没入学的他，就组织起高年级的师兄师姐们，做起新生必需品的生意，且获利不菲。大二时，他发现很多企业有做网站、App 的需求，就组建了一个技术社团从社会上“接单”，然后把这些开发需求分给同学们完成，让同学们在拿到报酬的同时又能够提高技术能力。毕业后，刘同学先后在阿里巴巴、

腾讯工作。2015 年，一直惦记着自己当老板的他拉了几个大学同学开始创业，并将目标锁定在巴士出行这个当时市场的蓝海，创下了 4 个月完成 4 轮融资的纪录。

与刘同学相同的 KK 浏览器联合创始人陶鹏、PLUS 精选摄影服务联合创始人乔龙都并非盲目地开始创业，他们都是通过工作积累了相关的创业经验，随后才进行创业。陶鹏在创业前，已经有十几年的工作经验，曾在深圳多个互联网和移动互联网公司就职；乔龙在创业前曾在创业公司做产品实习生，后在人人网和新浪微博工作过。在前期的工作中积累经验，并树立目标，陶鹏分享说："创业最核心的，就是自己给自己的驱动，给自己设立目标和奋斗方向，只有具备这样的内驱力，才能带动团队，也督促你一直往前走。"

资料来源：中青在线网

问题与思考：

怎样才能自己创业做老板？

创业具有推动社会经济发展、增加并带动就业、促进创新、创造价值等功能，同时也是解决社会问题的有效途径之一。在创造巨大社会价值的同时，创业也为人们提供了个人发展机会和实现财富梦想的可能性。

创业的秘密，你知道吗？

（一）创业的含义

创业有狭义和广义之分。狭义的创业是指创建新企业。广义的创业是指开创新事业，即在不确定的情况下开发新产品或新业务。

对于"创业"一词，有多少学者探讨过其含义，它就有多少种定义。奈特认为创业是一种成功预测未来的能力。创新理论的鼻祖熊彼特认为创业就是实现创新的过程。现代创业教育之父杰弗里·蒂蒙斯则认为：创业是一种思考、推理和行为方式，这种方式是机会驱动、注重方法和与领导相平衡的，他提出创业的关键要素主要包括创业机会、创业团队和创业资源这三大要素。而著名的"全球创业观察"（Global Entrepreneurship Monitor）项目则将创业概括为"依靠个人、团队或一个现有企业，来建立一个新事业，如自我就业、建立一个新的业务组织或一个现有企业的扩张"。

1991 年，李彦宏毕业于北京大学信息管理专业，随后赴美国布法罗纽约州立大学学习取得计算机科学硕士学位。毕业后，他先后担任过道琼斯公司高级顾问、《华尔街日报》

网络版实时金融信息系统设计者，以及硅谷知名互联网企业 INFOSEEK 的资深工程师。在工作过程中，他发现互联网搜索引擎存在巨大商机。1999 年年底，他舍弃在美国的高薪岗位，携风险投资回国与合作伙伴徐勇共同创建百度网络技术有限公司，致力于中文搜索引擎服务。2004 年，百度品牌得到网民的广泛认可；2005 年，百度成功上市。

资料来源：百度文库

（二）创业的类型

1. 按创业动机分

按创业动机不同，创业可分为机会型创业与就业型创业。

（1）机会型创业是指创业的出发点并非谋生，而是为了抓住、利用市场机遇。这类创业以市场机会为目标，能创造出新的需要或满足潜在的需求，因而会带动新的产业发展，而不是加剧市场竞争。（2）就业型创业是指创业者为了谋生而自觉地或被迫地走上创业之路。这类创业是在现有的市场上寻找创业机会，并没有创造新需求，大多属于尾随型和模仿型，因而往往小富即安，极难做大做强。

2. 按创业起点分

按创业起点不同，创业可分为创建新企业与企业内创业。

（1）创建新企业是指创业者个人或团队从无到有地创建出全新的企业组织。这个过程充满挑战和刺激，个人的想象力、创造力可得到最大限度的发挥，但风险和难度也很大，创业者往往缺乏足够的资源、经验和支持。

（2）企业内创业是指在现有企业内的有目的的创新过程。企业流程再造本质上也是一种创业行为。企业内创业是动态的，正是通过二次创业、三次创业乃至连续不断地创业，企业的生命周期才能不断地在循环中延伸。

3. 按创业者数量分

按创业者数量不同，创业可分为独立创业与合伙创业。

（1）独立创业是指创业者独立创办自己的企业。这类创业的特点在于产权归创业者个人独有，企业由创业者自由掌控，决策迅速；但创业者要独自承担风险，创业资源整合比较困难，并且受个人才能的限制。

（2）合伙创业是指与他人共同创办企业，其优劣势正好与独立创业相反。

4. 按创业项目性质分

按创业项目性质不同，创业可分为传统技能型创业、高新技术型创业与知识服务型创业。

（1）传统技能型创业是指使用传统技术、工艺的创业项目。这些独特的传统技能项目具有永恒的生命力，尤其是在酿酒、饮料、中药、工艺美术品、服装与食品加工、修理等与人们日常生活紧密相关的行业中。

（2）高新技术型创业是指知识密集度高，带有前沿性、研究开发性质的新技术、新产品项目。例如，将航天等高新技术领域的成果实现产业化、形成新产品等。

（3）知识服务型创业是指为人们提供知识、信息的创业项目。当今社会，信息量越来越大，知识更新越来越快，各类知识性咨询服务机构将会不断细化和增加，如律师事务所、会计师事务所、管理咨询公司、广告公司等，这类项目投资少、见效快，竞争也日渐激烈。

5．按创业方向或风险分

按创业方向或风险不同，创业可分为依附型创业、尾随型创业、独创型创业和对抗型创业。

（1）依附型创业，一是依附于大企业或产业链而生存，为大企业提供配套服务，如专门为某个或某类企业生产零配件，或生产、印刷包装材料；二是使用特许经营权，如加盟麦当劳、肯德基等。

（2）尾随型创业，即模仿他人创业，“学着别人做”。其特点一是短期内只求能维持下去，随着学习的成熟，再逐步进入强者行列；二是在市场上拾遗补阙，不求独家承揽全部业务，只求在市场上分得一杯羹。

（3）独创型创业是指提供的产品或服务能够填补市场空白。独创型创业也可以是旧内容、新形式，如产品销售送货上门，经营的产品并无变化，但在服务方式上有所变化，从而更具竞争力。

（4）对抗型创业是指进入其他企业已形成垄断地位的某个市场，与之对抗较量。这类创业风险最高，必须在知己知彼、科学决策的前提下，抓住市场机遇、乘势而上，把自己的优势发挥到极致。

6．按创新内容分

按创新内容不同，创业可分为基于产品创新的创业、基于营销模式创新的创业与基于组织管理体系创新的创业。

（1）基于产品创新的创业是指基于技术创新或工艺创新等产生了新的消费群体，从而导致创业行为的发生。例如，将原来的玻璃杯做成紫砂杯，甚至紫砂保温杯，可以使一批品茶爱好者买到中意的茶杯。

（2）基于营销模式创新的创业是指采取有别于其他厂商的市场营销模式，因而有可能给消费者带来更高的满足度。零售店的开架销售模式就是最典型的例子，从中进一步开发出的连锁超市，更是几乎形成了日用商品零售端的革命性变革，超大规模的购物中心在一定程度上改变了人们的购物习惯。

（3）基于组织管理体系创新的创业是指采取有别于其他厂商的企业组织管理体系，因而能够更高效地实现产品的商业化和产业化。例如，采用事业部制组织结构，既保留了直线职能制组织结构的优点，又使得组织管理和控制规模得到较大的扩展，在一定程度上抵消了“大企业病”对组织的危害。

创业与就业的差异

（1）角色差异。创业者与就业者在企业中的地位、所肩负的责任和使命均有较大差异。创业者通常处于新创企业的高层，在企业实体的创建过程中，创业者始终是负责人，始终参与其中；而就业者通常处于中低层，到达高层需要一个过程，也不需要对企业的成长负责，只需要做好本职工作就可以了。

（2）技能差异。创业者通常身兼多职，既要有战略眼光，也要有具体的经营技能，从而要求其具备相当全面的知识和技能；就业者通常具备一项专业技能即可开展自己的工作。

（3）收益与风险差异。就业的主要投入是数年的教育成本；而创业除了教育成本外，还包括前期准备中投入的人力、物力和财力。一旦失败，就业者并不会丧失教育成本，但创业者会丧失在创业前期投入的一切成本；而一旦成功，就业者只能获得约定的工资、奖金及少量的利润，创业者则会获得大多数经营利润，其数额理论上没有上限。

（4）成功的关键因素差异。就业可以完全依靠企业实体；但创业更多的还要考虑自身的经验、学识与财力，以及各种需求和各种资源的占有等条件。

二、创业的要素及过程

“饿了么”创始人张旭豪

2009年，上海交通大学研一学生张旭豪，来到上海市党群创业基金的评审会上，给创业导师递交了他的创业计划书。创业导师接过张旭豪的创业计划书一看就笑了。“饿了么？怎么叫这个名字？”张旭豪说，他和同学几个人一起打游戏到了半夜时，突然感觉肚子饿了。他于是就问大家：“你饿了么？”大家你看看我，我看看你，都说“是啊！”确实肚子饿了。

于是大家开始翻出口袋里那些餐馆的名片，开始打电话，想看看哪家餐馆还在营业。奇怪的是一个电话也打不通。这时张旭豪头脑里开始萌生了一个创业想法：我们能不能做个送外卖的工具？这个想法一说出口，大家顿时不感觉饿了，一起讨论到了凌晨五点。

经过一段时间的市场调研，他发现“送餐软件”还是个空白市场，他们很快写出了创业计划书，并且得到了上海市学生事务中心主管的“上海党群创业基金”的资助，终于如愿以偿开办了自己的公司。

接下来的创业并没有他想象中那么容易，为了让创业计划尽快变成现实，团队中一位学习计算机专业的大四学生，不得不休学一年，来完成这个点餐平台的产品设计。目前，饿了么订餐平台已经完成E轮10亿人民币的融资，张旭豪的公司已经发展到10 000多人，他也成了名副其实的创业成功的企业家了。

资料来源：李肖鸣，《大学生创业基础》，清华大学出版社，2018.

问题与思考：

从案例中总结创业的步骤。

（一）创业的要素

创业的三大核心要素

1. 创业的关键要素

创业的关键要素包括创业机会、创业团队和创业资源。

（1）创业机会是创业者可以利用的商业机会。从创业过程的角度来说，创业机会是创业的起点，创业过程就是围绕着创业机会进行识别、开发、利用的过程。

（2）创业团队是指在创业初期（包括企业成立前和成立早期），由一群才能互补、责任共担、愿为共同的创业目标奋斗的人所组成的特殊群体。

（3）创业资源是指创业企业在创造价值的过程中需要的特定资产，包括有形资产与无形资产。创业资源是企业创立和运营的必要条件，主要表现为创业人才、创业资本、创业技术和创业管理等。

2. 创业各要素之间的关系

（1）创业机会是创业过程的重要驱动力，创业团队是创业过程的主导者，创业资源是创业成功的必要保证。创业过程始于创业机会，而不是资金、战略、网络、团队或创业计划。开始创业时，创业机会比资金、团队的才干和能力及合适的资源更重要。在创业过程中，创业机会与创业资源之间需要经历一个“适应—差距—适应”的动态过程。

（2）创业过程是创业机会、创业团队与创业资源三个要素匹配和平衡的结果。创业团队要善于配置和平衡这三个要素，并借此推进创业过程，包括对创业机会的理性分析和把握，对创业风险的认识和应对，对创业资源的合理配置和利用，对工作团队适应性的认识和分析等。

（3）创业是一个连续不断地寻求平衡的行为组合。三个要素的绝对平衡是不存在的，但创业过程要保持发展，必须追求一个动态的平衡。这期间创业团队必须思考的问题包括：目前的团队能否领导组织未来的成长？组织面临怎样的资源状况？下一阶段的运作与成功面临哪些困难与陷阱？这些问题在组织发展的不同阶段会以不同的形式出现，会牵涉到组织的可持续发展。

2000 年下半年，华为出台了《关于内部创业的管理规定》，规定凡是在公司工作满两年以上的员工，都可以申请离职创业，成为华为的代理商，公司为创业员工提供优惠扶持政策。除了给予相当于员工所持股票价值 70%的华为设备外，还有半年的保护扶持期，员工在半年内创业失败，可以回公司重新安排工作。

当时，数以千计的华为员工自发组织起来，开始了自己的创业历程，其中包括李一男、聂国良两位公司副总裁。任正非在欢送李一男的讲话中，把华为鼓励内部创业的目的概括为：一是给一部分老员工以自由选择创业做老板的机会；二是采取分化模式，在华为周边形成一个合作群体，共同协作，一起做大华为事业。

广州市鼎兴通信技术有限公司就是一家华为内部创业的公司，他们承担了华为公司在湖南、江西及广东市场近三分之一的工程安装调试工作。这种公司的存在为华为解决了很多后顾之忧，减少了市场运作成本，双方都能够从中获利。

资料来源：李时椿，《创业管理》，清华大学出版社，2015.

（二）创业的过程

创业的过程包括从产生创业想法到创建新企业并获取回报的整个过程，通常可分为以下六个主要环节。

1. 产生创业动机

创业动机是创业的原动力，它推动创业者去发现和识别市场机会。创业活动的主体是创业者，创业活动首先取决于个人是否希望成为创业者。创业动机不仅是打算创业的一时冲动，更是对创业目标与预期收益的深思熟虑。

2. 识别创业机会

识别创业机会是对可能成为创业机会的诸事件的分析和对创业预期结果的判断。创业机会一般分为两种：一种是意外发现的，一种是经过深思熟虑才发现的。国家产业政策的调整、新技术的出现、人口和家庭结构的变化、人们物质和精神需求的变化、流行时尚等都可能形成创业机会。创业者应该具有敏感的嗅觉，能够及时、准确地识别创业机会，识别之后，还要对创业机会进行评价和提炼。

3. 整合有效资源

资源是创业的基础性条件，整合资源是创业者开发机会的重要手段。强调整合资源，是因为创业者可以直接控制的可用资源往往很少，许多创业者都有白手起家的经历。创业者需要整合的资源包括基本信息（有关市场、环境和法律问题）、人力资源（合作者、最初的雇员）、财务资源等。

4. 创建新企业

创建新企业需要进行大量的准备工作，其中创业计划、创业融资和注册登记尤为关键。创意能否变成行动，关键看其能否形成一个周密的创业计划；资金往往成为创业企业的“瓶颈”，创业融资在企业的创建过程中至关重要；当创业者完成创业计划并获得融资之后，就可以按照法定程序进行注册登记，包括确定企业的组织形式、设计企业名称、向市场监督管理机关提出企业登记注册申请、领取营业执照等。

5. 实现机会价值

创业者整合资源、创建新企业的目的是实现机会价值，并通过实现机会价值来实现自己的创业目标，这是创业过程中的重要环节。确保新创建的企业生存是创业者必须面对的挑战，但创业者不能仅仅考虑生存，同时还要考虑成长，不成长就无法生存得更好，在激烈竞争的环境中尤其如此。创业者需要了解企业成长的一般规律，预见企业不同成长阶段可能面临的问题，采取有效的措施予以防范和解决，使机会价值得到充分的实现，同时不断地开发新的机会，把企业做活、做大、做强和做长。

6. 收获创业回报

对回报的正当追求是创业活动的目的，有助于强化创业者对事业的执着。对创业者来说，创业是获取回报的手段和途径。回报可能是多种多样的，对回报的满意程度在很大程度上取决于创业者的创业动机。有调查发现，多数创业者的创业动机首先是自己当老板，然后才是追求利润和财富，对这些人来说，当老板的感受就是回报。

大学生创业的现实意义

大学毕业生创业具有十分重要的意义，具体表现在：

（1）有利于缓解大学生就业压力。大学生的创业能力有利于解决大学生就业难的问题。创业能力是一个人在创业实践活动中自我生存、自我发展的能力。一个创业能力很强的大学毕业生不但不会成为社会的就业压力，相反还能通过自主创业活动来增加就业岗位，以缓解社会的就业压力。

（2）有利于大学生谋求生存与自我价值实现。大学毕业生通过自主创业，可以把自己的兴趣与职业紧密结合，做自己最感兴趣、最愿意做和自己认为最值得做的事情，在五彩缤纷的社会舞台中大显身手，最大限度地发挥自己的才能。创业并非人人成功，既然如此，为什么还有众多的人选择了创业这条路径呢？谋求生存乃至自我价值的实现是创业最主要的原动力。

（3）有利于大学生实现致富梦想。如果大学生想变得非常富有，开创自己的事业最有希望实现致富的目标，没有人是靠为别人工作把自己变得惊人的富有的。当前，大学生的就业观念正在悄悄地发生改变，一个鼓励创业、保护创业、崇拜创业的大环境正在逐步形成。原先由政府包揽的就业和创业活动逐渐被市场取代，产业结构调整带来的巨大创业机会，以及政府出台“创业带动就业”的政策，促使大学生创业潜流涌动，大学生通过自主创业将实现致富梦想。

（4）有利于促进中小企业的快速发展。从国际经验来看，等量资金投资于中小企业，它所创造的就业机会是大企业的四倍。一个国家 99.5%的企业都属于中小企业，65%～80%的劳动者在其中就业。因此，鼓励大学生自主创业有利于中小企业的快速发展。

（5）有利于培养大学生艰苦奋斗的作风。在大学生自主创业的过程中，困难和挫折，甚至失败都在所难免，这就要求自主创业的大学毕业生要具备顽强的意志和良好的品格，勇于承担风险，自立自强，艰苦拼搏，通过创业培养自立自强意识、风险意识、拼搏精神和艰苦奋斗的作风。

（6）有利于培养大学生的创新精神。创新是一个民族的灵魂，是一个国家兴旺发达的不竭动力。青年大学生作为中国最具活力的群体，如果失去了创造的冲动和欲望，那么中华民族最终将失去发展的不竭动力。大学生的创业活动，有利于培养大学生创业者勇于开拓创新的精神，把就业压力转化为创业动力，培养出越来越多的各行各业创业者。

创新案例及分析

“90 后”女大学生休学回家种冰草，带动农民致富

“90 后”的淮阴女孩丁蓉蓉，就读于扬州工业职业技术学院物流管理专业，大三时，她突然决定休学回家乡创业。

创业想法的来源

丁蓉蓉生活在鱼米之乡江苏淮安，从小在父亲经营的蔬菜大棚里长大，对农业有着不同寻常的感情。2013 年暑假，丁蓉蓉去日本亲戚家玩，一次吃饭时，她吃到了一种口感嫩脆爽口的蔬菜。她从亲戚口中得知该蔬菜名叫冰草（见图 1-2），营养成分丰富，在日本深受消费者喜爱，且冰草价格当时在日本折合人民币每斤七八十元。丁蓉蓉说，这比她父亲种的蔬菜单价高多了，于是竭力说服父亲试种冰草。

由于回国飞机带不了种子，后来她费了很大周折才将冰草种子引进到国内。但父亲试种冰草一年，反复实验都没有成功，发芽率极低，品质还不稳定。因为进口冰草种子价格昂贵，眼见父亲的投资打了水漂，一向不服输的丁蓉蓉觉得自己有必要做些什么，而且她也不想错过冰草在国内市场发展的机会，所以她毅然选择休学。

丁蓉蓉带着父亲的反对和同村人的不理解开始了她的冰草种植之路，而这一种就是4年，她也将这片土地当作了自己要为之奋斗终身的事业。

从门外汉变成冰草通

休学期间，她继续冰草的种植试验。从没有干过农活的丁蓉蓉空有一腔热情，却不知道具体该怎么做。因此，为了能够成功种植冰草，她上网查找各种资料、到处请教农业专家，并经过反复实验，终于在 2014 年冬天找到了适合冰草生长的温度、湿度、土壤酸碱度、光照强度等环境数据。之后，她大规模种植冰草，最终成为了江苏规模化种植冰草的第一人。

2016 年春节，丁蓉蓉作为现代农业转型的代表，被江苏卫视采访报道。更让人刮目相看的是，她于 2016 年 5 月又培育出了一个新品种——大叶冰草，这一创举打破了国外对冰草种子的长期垄断，将当时 5 万元每斤的进口冰草种子的育种成本降到了 3 000 元每斤。

但事实上，她的创业过程并非一帆风顺。2016 年 9 月，她遭遇了创业以来最大的困难。“当时一心只想着将冰草种植规模扩大，没去考虑推广的问题，结果冰草压在家里销不出去。”丁蓉蓉回忆说，“最穷的时候身上连 200 元都没有，已经准备放弃了。”后来，丁蓉蓉将自己的创业情况告诉了母校创业学院的颜正英老师，在颜老师的帮助下，她申请并顺利获得了学校的创业雏鹰基金 10 000 元，对她来说，这些钱真的是为她解决了燃眉之急。

丁蓉蓉说，在她的创业过程中，扬州工业职业技术学院还起到了资源整合的“牵线”作用。学校领导亲自打电话联系相关机构，为她请来了权威的专家团队帮助她解决高产栽培技术和销售的难题。

创业期间不忘持续学习

这一次的经历让丁蓉蓉意识到自己经营企业不仅要懂技术，还要掌握财务、销售、管理方面的知识。于是，她在种植的同时还挤出时间去学习农业管理知识，并取得了江苏省农产品经济人高级职业技能证书。之后，她结合自己在校期间学习的财务及管理方面的知识对企业进行科学管理，让企业慢慢走上了正轨。

在企业走上正轨后，丁蓉蓉又回到了学校继续学业，并向经管学院的老师认真学习相关财务、销售知识。

为了解决销售的问题，丁蓉蓉一放假就回家，一家家跑超市、酒店推广冰草。因为她所研发的大叶冰草是新品种，且口感好、营养高，所以该品种很快就得到了市场的认可。于是她将种植基地面积从最初的数十亩迅速扩大到了 300 多亩，成为华东最大的冰草种植基地，同时被中华全国供销合作总社评为“全国供销合作社系统农民专业合作社示范社”，被江苏省农委评定为“省级园艺作物标准园”。

丁蓉蓉的创业项目得到了当地政府的支持。2018 年 6 月，南京江宁区政府将她的冰草项目引进到了南京江宁谷里国家现代农业示范园里，并提供了 4 000 平米国际标准大棚给她从事冰草研究和种植。淮阴区政府引荐她入驻“淮阴区码头镇现代农业科技园”，在租金和税收上给予优惠；淮阴区人社局工作人员得知了丁蓉蓉的创业故事，更是主动上门进行创业扶持，为其提供创业担保贷款贴息、各项创业补贴、鼓励和协助她参加创业大赛和优秀创业项目选拔并给其资金上的支持。

如今，南京江宁谷里国家现代农业示范园区、淮安码头镇国家农业科技园区里都有她的智能化现代农业设施。她种出的冰草销量占全国的30%以上，带动了周边 5 241 人就业。

丁蓉蓉的自主创业是成功的，分析其成功的原因主要有以下几点：一是行业选择明智。当她第一次吃到冰草后，便发觉了冰草市场在中国有很大的发展空间，从而激发了她创业的想法。二是进行产品升级。丁蓉蓉不拘泥于眼下的小成就，而是不断地研发新品种，从而打破了国外对冰草种子的长期垄断。三是整合有效资源。创业的道路不是一帆风顺的，丁蓉蓉在创业时遇到了技术和销售困难，相关单位帮助她解决了相应的难题，并给她提供了很多资金、场地等方面的支持，从而加速了她成功的步伐。

探索活动

情景模拟——合伙创办小吃店

活动内容：

以五个同学为一个创业团队，模拟合伙开一个小吃店。另外，留下三个同学，一个模拟房东，两个模拟客人，给各创业团队的小吃店打分。小吃店启动资金为 20 000 元。其中，房租在 3 000～5 000 元，店铺装修和设备费在 5 000～10 000 元，其他为现金储备。具体活动流程如下：

（1）各小组内部协商，确定组织架构和分工，包括店长、厨师、采购员和服务员等。

（2）各小组派出人员与房东谈判，争取以最低的房租租下店铺。

（3）各小组内部协商，确定经营项目、店铺装修方式和营销策略等（要有特色和创意）。

（4）将以上第（2）（3）条的结果记录在纸上。

活动检测：

模拟客人的同学到各小组查看，并根据表 3-1 为各小组打分。

表 3-1　探索活动评价表

评分标准	分值	实际得分	备注
人员分工是否合理	20		
房租（房租越少，分越高）	20		
经营项目的创意效果	20		
店铺装修的创意效果	20		
营销策略的创意效果	20		
总分	100		

能力训练

旧物营销

训练：

（1）每位学生搜集自己不打算继续使用的旧物品（如日常用品、服装、书籍等），然后利用每天中午与下午各一小时的课余时间，在校园内选择人流密集的地方进行物品销售，并记录自己的销售成果，体会创收的乐趣。

（2）分析旧物销售能否成为创业项目。若可行，可 3～5 人一组，进行创业实验。

（3）利用头脑风暴思考：除了既有的营销方式外，还能想出其他具有创造性的营销方式吗？

说明：训练内容不局限于旧物销售，也可以是其他的商品或服务。

第二节　关注创业环境

问题导入

随着“大众创业、万众创新”热潮的蓬勃兴起，越来越多的大学生投身创新创业的大军。为了鼓励和支持创新创业，国家先后出台了许多支持和优惠政策，涉及贷款、税收、场地、培训等方方面面。在进行本节的学习之前，先思考以下几个问题：

（1）你知道哪些关于大学生创新创业的优惠政策？

（2）“大众创业、万众创新”是谁在什么时候提出来的号召？

一、大学生的创业环境

鼓励大学生创业可以“微商”为突破口

“从目前情况看，大学生创业的比例比较低，与国家倡导的以创业带动就业的要求还有很大差距。随着互联网技术应用的推进，大学生创业的环境发生了巨变，今后要多考虑以‘微商’为抓手，推动更多大学生创业。”全国人大代表、江西师范大学校长梅国平说。

他介绍，所谓“微商”，目前在学术界并无统一定义，一般意义上大家认为它是以个人为单位，利用移动互联网环境所衍生的载体渠道，将传统方式与互联网相结合，可移动性地实现销售渠道新突破的小型个体行为。通俗地说，“微商”就是在移动端上进行商品售卖的小商家。

梅国平认为，与传统商业“捆绑代理商模式”不同，“微商模式”投资门槛低，而且不必构建系统的网络渠道，对创业者的商业经验要求几乎为零，大学生只要投入时间均可尝试。推进“微商创业”，对大学生体验创业、熟悉管理、积累经验有很大助益。

“可以说‘微商模式’将是大学生创业的主流业态之一。”梅国平建议，为让更多大学生“愿意创业、敢于创业”，应完善现有大学生的创业政策，包括创业教育、市场信息咨询、金融支持、风险预警、创业失败后的心理疏导等。

“首先，可将创业教育课程作为大学课程开设，培养大学生的创业意识，提高其创业基本技能；其次，要以市场化、专业化、集成化、网络化为导向，鼓励开展以移动互联网络技术为依托的特色专业化创业活动；此外，简化登记手续，为以‘微商模式’创业的大学生提供便捷的网上工商注册服务，同时规范其经营行为。”梅国平说。“鼓励大学生‘微商创业’，符合‘互联网+’的思路。”他说。

资料来源：新华网

问题与思考：

目前大学生创业的有利条件有哪些？

（一）法律、政策、社会环境持续改善

1. 创业的法律环境逐渐完备

2004 年修正的《中华人民共和国宪法》明确规定：“国家保护个体经济、私营经济等非公有制经济的合法的权利和利益。”这为私营经济的存在和发展提供了保障。与此同时，我国制定了一大批鼓励、支持和引导个体、私营经济等非公有制经济发展的法规、政策，解决非公有制组织在市场准入和融资支持等方面存在的困难和问题。

2. 创业门槛不断降低

2018 年 8 月 5 日，国务院办公厅发布《全国深化“放管服”改革转变政府职能电视电话会议重点任务分工方案》（国办发〔2018〕79 号），实行全国统一的市场准入负面清单制度。市场准入负面清单制度是指国务院以清单方式明确列出在我国境内禁止和限制投资经营的行业、领域、业务等，各级政府依法采取相应管理措施的一系列制度安排。市场准入负面清单以外的行业、领域、业务等，各类市场主体都可以依法平等进入。

3. 资本市场日趋健全和活跃

在融资方面，银行贷款、金融支持、融资担保、风险投资、产权交易等业务不断推陈出新。为解决创业过程中融资难的问题，有关机构还启动了为创业者提供开业贷款担保和贴息的业务。

4. 各种创业载体和服务机构发展加快

如今，各类企业孵化器、工业园区、企业服务中心、风险投资机构、担保服务机构、信用评级机构、顾问咨询等正在快速发展，更有利于创业的启动与发展。

5. 过时观念正在改变

经过了 40 多年的改革开放，人们对私营经济的看法和态度已有了根本的改变，创业光荣、致富光荣已成为共识，一种鼓励、宽容创新和创业的社会观念正在形成。

李某大学毕业工作一年后辞职做起旧书生意。读大学时，李某就发现许多二手书店通常是将人家卖不出去的书籍抱到店里来销售，却忽视了顾客究竟要什么读物。而随着图书市场格局的变化，现存的正规旧书店已为数不多，无形中导致旧书店的现状已无法满足市场和读者的实际需求。加上近年来纸张价格飞涨，包装精美的新书更是价格不菲，这无疑给二手书市场留下了巨大的交易空间。李某认为做旧书生意的定位就在于——业精于专。根据现实情况，她打算主营社会、科学、文学类书籍，从而形成自己的特色。她首先看书的内容，其次是出版社。她收购到一百多本财富类书籍，没想到新学期开学没几天，就被大学生抢购一空。书店开张没多久，为增加有效的交易渠道，李某还开设了网上交易（主要是学术类著作），意在便于与同行交流。现在，网上交易量已占到书店业务总量的15%。此外，她的书店还新增了“寄卖”业务。

资料来源：道客巴巴

（二）社会经济科技发展为创业者提供了广阔的发展空间

迅速发展的经济不仅需要人们创业、呼唤人们创业，它也为创业者创造了前所未有的机遇，为创业者提供了一个前所未有的大舞台。

1. 知识经济为大学生提供了巨大的创业舞台

知识经济时代最重大、最根本的变化无疑是资金让位于知识，知识成为最宝贵的资源、最重要的资本，这无疑向一切富有知识与智慧的人提供了前所未有的机遇。例如，随着高科技的发展，大量的新兴行业不断涌现，这为受过良好教育并具有相当的专业知识的人才提供了无穷的机会。当代许多创业明星就是在网络技术和服务领域创业成功的；随着知识更新速度的加快，“继续教育”成为人们的终身行为，文化教育、信息传播也成为一个大有前途的创业领域。

2. 第三产业成为我国一个极具魅力的投资领域

随着我国市场经济的进一步发展，第三产业可以为创业者提供许多大显身手的舞台，且第三产业投资少、见效快，十分适合普通大众创业。

“大众创业、万众创新”中的重要事件列举

（1）2015年6月11日，国务院以国发〔2015〕32号文件印发《关于大力推进大众创业万众创新若干政策措施的意见》，旨在改革完善相关体制机制，构建普惠性政策扶持体系，推动资金链引导创业创新链、创业创新链支持产业链、产业链带动就业链。

（2）2015年8月15日，国务院同意建立由发展改革委牵头的推进大众创业万众创新部际联席会议制度。

（3）2018年9月18日，国务院下发《关于推动创新创业高质量发展打造“双创”升级版的意见》。

二、大学生的创业优惠政策

微信创业获校方和企业支持

在武汉某学校，三个学生组成“三分度”创业团队，他们通过微信卖红枣、电脑耗材、运动文具等，生意不错，还获得了“院长奖学金”，微信卖枣还引起某上市公司关注，对方授权他们建起首个校园代理店。团队负责人杨某表示，宣传单的印制、物流等方面的费用全部由企业承担。企业还给出八折优惠，提供了 500 张校园会员卡。

某枣业公司湖北分公司在该校贴吧上发帖，寻求“三分度”负责人的联系方式。取得联系后，第二天就派人到学校洽谈合作事宜。经过一个多月的筹备，该公司在该学校的首个门店开张。杨某介绍，微信虚拟门店将与校园实体门店对接，线上线下同步销售。“三分度”正计划逐步向武汉其他高校发展校园代理店。

资料来源：凤凰资讯网

问题与思考：

如果创业，如何才能合理运用各项大学生创业优惠政策？

为支持大学生创业，国家和各级政府出台了许多优惠政策，涉及金融贷款、开业、税收、创业培训、创业指导等诸多方面。对打算创业的大学生来说，了解这些政策，才能走好创业的第一步。

（一）发布金融优惠政策

缺乏创业启动和发展资金是制约大学生参与创业的重要因素，为了缓解大学生创业在资金方面的压力，政府部门主要从税费减免、提供小额担保贷款和创业基金方面对大学生给予支持。

毕业生自主创业政策

1. 大学生创业税费减免政策

税费减免政策指的是国家根据一定时期社会发展情况的特点和政治经济的需要，对市场活动中生产经营的主体在某些情况下减轻或免除税收和某些法定费用缴纳的政策。大学生创业企业基本上都属于小微企业的范畴，除了享受小微企业在税费减免上的扶持政策外，中央政府还针对大学生这一特殊创业主体，颁布出台了一系列针对性的税费减免政策。

2. 大学生小额担保贷款政策

小额担保贷款是为了解决符合一定条件的待就业人员在进行创业经营的过程中自筹资金不足问题的一项贷款类业务，主要覆盖范围包括自谋职业、自主创业或合伙创业的启动经费和流动资金。相比企业社会创业者而言，大学生创业的资金来源渠道较为狭窄，在获取启动和流动资产上的能力较差。创业小额贷款政策能帮助大学生在创业初期阶段突破资金束缚的瓶颈，推动大学生创业项目的成熟与业务活动的开展。

顾某从上海某学校毕业后，就开始创业，开办了自己的公司。由于起步阶段缺乏经验，最初的启动资金都被用来购置设备，致使企业在资金周转上发生了困难；同时他新接下的订单需要重新购置设备，而货款还有好多没有收回。一筹莫展之际，他找到了自己的创业导师，请导师给他的公司做一个企业诊断。

创业导师首先看了他的会计报表，发现他的现金流量很少，认为他目前的首要任务是先收回应收的账款，等银行账目上现金流动较为频繁时，便可以申请小额贷款，再购置设备。因为银行贷款就是要看企业的现金流量状况是否良好，这是衡量一个企业还款能力的主要标志。

顾某采纳了导师的意见，一个月后果然收回了很多应收账款。顾某后来聘请咨询人员到他的公司实地考察，咨询人员指出他的财务管理尚欠规范，又给他提出了整改意见，并且耐心地给他解释“财务风险是企业失败的第一要素”的道理。顾某又对公司财务进行了整改，一个月后，他通过了银行的审核，并获得了30万元的小企业贷款。这笔贷款解决了资金周转问题，他购置了急需的设备，接到了新的订单。这一方面提高了公司的经营能力，另一方面也使公司管理更加规范化。

第二年，他的资金情况不错，完全有能力按时还款。但创业导师分析了他的情况之后，建议他借新还旧，以免再次造成资金的周转问题。顾某很高兴地采纳了创业导师的建议。目前，顾某的公司在创业导师的辅导下，通过自身的不断努力，固定资产已经由开业时的50万元增加到了500万元，也及时还清了贷款；从业人员从最初的10名增加到了50名；产品遍及江浙沪的模具厂及汽配厂。

此外，创业导师还提示说：“目前政府对大学生创业的扶持力度很大，创业前贷款、小企业贷款等都很优惠，而且还有免息的奖励政策，希望你能用好政策，而不是依赖政策。”

资料来源：叶敏，《大学生创新创业教育》，上海交通大学出版社，2016.

3. 设立大学生创业基金

在扶持大学生创业的融资政策方面，除了国家和中央政府层面的税费减免和小额担保贷款的服务与政策之外，各级地方政府也在试点通过设立创业基金的方式来扶持大学生创业。

（二）大力推动创业教育的开展

大学生创业活动的开展，除了需要资金等方面的支持，还需要进行系统完善的创新创业教育。创业教育可以提高大学生的创业素养，孕育全社会支持创业的文化氛围。我国政府对创业教育的推动主要表现在：

（1）组织各类创业培训和创业竞赛活动，培养大学生的创业素质。

（2）加快高校创新创业教育课程体系和师资队伍建设。

（三）改善社会服务环境

在优化大学生创业社会环境方面，政府主要通过积极提升行政效率，完善大学生创业的基础设施建设的方式，对大学生给予支持。

（1）简化行政审批手续，对大学生创业开辟绿色通道，降低大学生创业成本。

（2）加强与大学生创业有关的基础设施建设，建立大学生创业项目孵化与创业发展基地，提高大学生创业项目的转化率与成功率。创业项目要想付诸实践，需要多种资源的整合与支持，大学生创业基地可以为大学生创业提供必要的培训和指导，为创业项目的转化与发展提供软硬件层面的支持。

大学生自主创业优惠政策

（1）税收优惠：持《就业创业证》（注明“自主创业税收政策”或“毕业年度内自主创业税收政策”）或2015年1月27日前取得的《就业失业登记证》（注明“自主创业税收政策”或附着《高校毕业生自主创业证》）的人员从事个体经营的，在3年内按每户每年8 000元为限额依次扣减其当年实际应缴纳的增值税、城市维护建设税、教育费附加、地方教育附加和个人所得税。限额标准最高可上浮20%，各省、自治区、直辖市人民政府可根据本地区实际情况在此幅度内确定具体限额标准，并报财政部和国家税务总局备案。

（2）创业担保贷款和贴息支持：对符合条件的高校毕业生自主创业的，可在创业地按规定申请创业担保贷款，贷款额度为10万元。鼓励金融机构参照贷款基础利率，结合风险分担情况，合理确定贷款利率水平，对个人发放的创业担保贷款，在贷款基础利率基础上上浮3个百分点以内的，由财政给予贴息。

（3）免收有关行政事业性收费：毕业 2 年以内的普通高校毕业生从事个体经营（除国家限制的行业外）的，自其在市场监督管理部门首次注册登记之日起 3 年内，免收管理类、登记类和证照类等有关行政事业性收费。

（4）享受培训补贴：对高校毕业生在毕业学年（即从毕业前一年 7 月 1 日起的 12 个月）内参加创业培训的，根据其获得的创业培训合格证书或就业、创业情况，按规定给予培训补贴。

（5）免费创业服务：有创业意愿的高校毕业生，可免费获得公共就业和人才服务机构提供的创业指导服务，包括政策咨询、信息服务、项目开发、风险评估、开业指导、融资服务、跟踪扶持等“一条龙”创业服务。各地在充分发挥各类创业孵化基地作用的基础上，要因地制宜建设一批大学生创业孵化基地，并给予相关政策扶持。对基地内大学生创业企业要提供培训和指导服务，落实扶持政策，努力提高创业成功率，延长企业存活期。

（6）取消高校毕业生落户限制，允许高校毕业生在创业地办理落户手续（直辖市按有关规定执行）。

创新案例及分析

正逢“大学生创业引领”计划

四川某学校的张某在大二期间就开始了自己的创业之路。虽然攻读的是热能与动力工程专业，但是他无意中发现了电子商务模式当中的商机。随后，张某开始着手调查市场，发现女鞋市场有很大的发展潜力，于是便注册阿里巴巴，并独挑大梁，成了 B2B 最早一批大学生淘金者。

在张某的创业之路上，“大学生创业引领”计划为他的创业项目提供了非常好的机遇。“大学生创业引领”计划中的特别之处，就是开网店可以享受相关扶持政策。而在四川的大学生开网店创业，最高可以拿到政府提供的 10 万元创业资金支持。

几年后，张某的女鞋创业项目入驻学校的孵化园后，收获了一大批和他一样有着相同创业热情的小伙伴。如今，除了校内孵化团的团队外，张某还在新都的写字楼租了一个 70 平方米的办公场所，固定成员有 6 个人。

根据张某的规划，他将在 3 年内将自己的女鞋品牌推向全国市场，在女鞋市场站稳脚跟，并拥有一大批稳定的客户群。而在品牌发展规划上，他将通过科学的管理知识来优化供应链。“赚钱只是我创业的其中一个目标，对我而言，我创业的另外一个目标是影响别人的生活，让人们不再站在昂贵的橱窗外惆怅，而是轻松、简单地就可以获得自己想要的。我希望每个人都能幸福。”

张某的成功无疑对广大有志于自主创业的大学生是很好的启示。当今国家大力推进创新创业发展，针对大学生创业也给予了诸多政策支持与资金帮扶。创业道路充满艰辛，特别是在创业初期，如果大学生在创业时能善于运用现有政策，寻求有利于自身发展的有利资源，势必能真正发挥国家政策的作用，从而进一步提高创业的成功率。

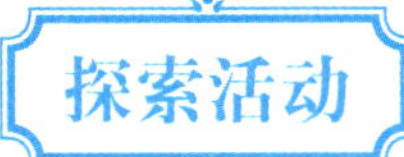

搜集本地大学生创业优惠政策

活动内容：

（1）将学生分为3～4人/组的若干组。

（2）各组分别通过多种途径（包括互联网、相关书籍、学校的就业创业中心等）搜集大学生创业的相关优惠政策。

（3）对搜集的资料进行汇总、整理，制作成精美的PPT，在课堂上进行展示讲解。

活动检测：

活动结束后，教师可根据表3-2进行评分。

表3-2　探索活动评价表

评分标准	分值	实际得分	备注
创业优惠政策的时效性	35		
创业优惠政策的全面性	35		
讲解的流畅性	30		
总分	100		

探访企业

走进一家创业企业，详细了解企业在创业过程中享受到国家的哪些优惠政策。

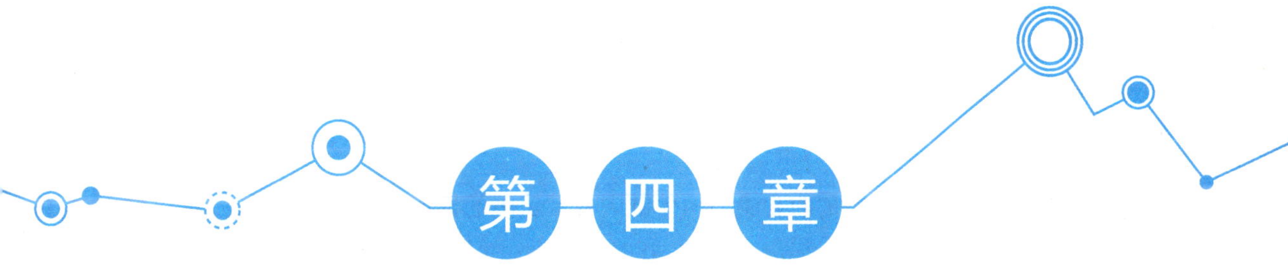

第四章 提升创业素质，组建创业团队

知识目标

- 了解创业者及创业团队的含义。
- 掌握创业者应具备的素质及提升方法。
- 理解创业团队的组成要素及优秀创业团队的组建要点。

能力目标

- 能初步分析自己具备哪些创业素质。
- 能初步组建简单的创业团队。

素质目标

- 自觉培养创业者所需品质。
- 自觉培养创业团队所需品质。

第一节　提升创业素质

问题导入

创业者是创业的核心，是创业成功的关键因素。美国的钢铁大王卡耐基曾说过：“如今，即使拿走我的全部资产，但只要把这 50 多个有素质、有能力的事业伙伴给我留下，3 年之后，我还会成为亿万富翁。”创业需要具备创业素质的优秀人才，这样才能够给企业带来向心力和凝聚力，才能带领企业突破困难，走向成功。在进行本节的学习之前，先思考以下几个问题：

（1）创业者应具备哪些素质？哪种人是潜在的创业者？

（2）你具备哪些创业素质呢？

一、创业者的基本知识

张宇创业的成功

大学生张宇性格开朗，待人热情，头脑灵活，善于社交，有一定的管理能力。他既酷爱电脑，又做着销售电脑的兼职，兜里有一些积蓄，也结识了众多电脑爱好者。由于当今的网络已成为年轻人生活的一部分，张宇就瞄准了一个创业机会——毕业后开一家网吧，但是自己积蓄的钱又不够。经过仔细分析和市场调研后，在一个交通便利又比较热闹的地段，张宇和几个朋友一起开了一家规模比较大的网吧。一年后，张宇不仅收回了本钱，自己又开了一家分店。

张宇的成功归功于他对自己有清醒的认识，对市场需求有充分的了解，同时借助和朋友合作，既解决了资金问题，又壮大了个人的实力，将自己的优势有效地与外部条件结合起来，成为一个成功的创业者。

资料来源：智慧网

问题与思考：

在你的印象里，哪些人是创业者？

（一）创业者的含义

创业者是指发现某种信息、资源、机会或掌握某种技术，利用或借用相应的平台或载体，将其发现的信息、资源、机会或掌握的技术，以一定的方式，转化、创造成更多的财富、价值，并实现某种追求或目标的人。

创业者的含义经历了一个演变的过程。1755 年，法国经济学家坎蒂隆首次将创业者的概念引入经济学领域。1880 年，法国经济学家萨伊首次给创业者做出定义，他将创业者描述为将经济资源从生产率较低的区域转移到生产率较高的区域的人，并认为创业者是经济活动过程中的代理人。美籍奥地利经济学家熊彼特认为创业者应该是创新者，具有发现和引入新的、更好的、能赚钱的产品、服务和过程的能力。

香港创业学院院长张世平认为，创业者是一种主导劳动方式的领导人，是一种无中生有的创业现象，是一种具有使命、荣誉、责任能力的人，是一种组织、运用服务、技术、器物作业的人，是一种具有思考、推理、判断的人，是一种能使人追随并在追随的过程中获得利益的人，是一种具有完全权利能力和行为能力的人。

创业者的含义分为狭义和广义两个方面。狭义的创业者是指参与创业活动的核心人员；广义的创业者是指参与创业活动的全部人员。一般情况下，在创业过程中，狭义的创业者会比广义的创业者承担更多的风险，也会获得更多的收益。

大学生创业者是指有理想、有胆识，利用自己的知识、才能和技术，以自筹资金、技术入股、寻求合作等方式主动参与社会竞争，创立新的企业，为自己为社会创造就业机会的人。

（二）创业者的类型

按照创业者创业目标的不同，创业者可分为谋生型创业者、事业型创业者与投资型创业者。

1. 谋生型创业者

谋生型创业者主要是迫于生活的压力或为了改善自己的生活条件，从创办一个规模较小的实体开始的。这类创业者大多数是下岗工人、刚刚毕业找不到工作的大学生等，这是目前中国数量最大的一批创业人群。他们绝大部分是以较少资金起步的，创业范围一般局限于商业贸易领域，也有少数从事实业，但基本上是规模较小的加工业。

2. 事业型创业者

事业型创业者把实现自己的人生理想作为创业目标，把创业企业当作自己毕生的事业。这类创业者成就意识很强，不甘于为别人打工，愿意为理想放弃一份稳定的工作。他们之所以选择自主创业，是希望通过这一途径来证明自己的能力，实现自我价值，得到社会的认可。这类创业者往往在有一定的经济基础、经历市场和社会的磨炼之后，更加明确自己的人生追求。

3．投资型创业者

投资型创业者是已经拥有了一定的经济基础与实力，为了获得更大的经济回报而进行创业的人群。这类创业者在适当的机会创业，将自己过去的经济基础与实力变现，将无形的资源变为有形的货币。

关于创业者的神话与现实

神话 1：创业者无法塑造，而是天生的

现实情况：即使创业者天生就具备了特定的才智、创造力和充沛的精力，这些品质本身也只不过是未被塑形的泥巴和未经涂抹的画布。创业者是通过多年积累相关的技术、技能、经历和关系网后才被塑造成功的，这当中包含着自我发展历程。只有具有至少 10 年的商业经验，才能识别出各种商业行为，并获得创造性的预见能力和捕捉商机的能力。

神话 2：任何人都能创业

现实情况：如果一个人能够识别思路和商机之间的区别，则他创业成功的机会就比较大。即使运气在成功中很重要，充分的准备仍是必要条件。创业只是最简单的一部分，更困难的是要使企业生存下来，持久经营，并把企业发展成最终可以使创业者喜获丰收的企业。在能够存活 10 年以上的新企业里，10～20 家中大约只有 1 家最后可以给创办人带来资本收益。

神话 3：创业者是赌博者

现实情况：成功的创业者会预期风险，小心翼翼。在有选择的情况下，他们通过让别人一起分担风险、避免或最小化风险来左右成功优势的倾斜方向。他们常常把风险分割成可接受、可消化的小块；那时，他们才肯付出时间和资源，看哪部分的风险-收益划得来。他们不会故意承担更多的风险，也不会承担不必要的风险，但当风险不可避免时，他们也不会胆怯地退缩。

神话 4：创业者喜欢单枪匹马

现实情况：想要完全拥有整个企业的所有权和控制权，只会限制企业的成长。单个创业者通常只能维持生计，想单枪匹马地发展一家高潜力的企业是极其困难的。高潜力的创业者会先组建起自己的团队和组织，然后才是自己的企业。

神话 5：创业者是他们自己的老板，他们完全独立

现实情况：创业者离完全独立相差很远，他们需要为很多主人和赞助者服务，其中包括合伙人、投资者、顾客、供应商、债权人、雇员、家庭及其他社会和社区义务的相关方。但是，创业者可以自由选择是否、何时及做些什么以对他们做出响应。而且，要单枪匹马地获得超过 100 万～200 万美元的销售额是极其困难的，可以说，几乎是不可能的。

神话 6：创业者比大公司里的经理工作时间更长，工作更努力

现实情况：没有证据证明所有创业者都比公司里与他们地位相当的人工作得更多。有一些可能是工作得多一些，而有些则不是。事实上，一些研究报告说，他们工作得更少。

神话 7：创业者承受更多的压力，付出更多

现实情况：做一个创业者是有压力的、是辛苦的，这一点毫无疑问。但是没有证据证明创业者比其他的无数高要求的专业职位承受更大的压力，而且创业者对他们的工作往往非常满意。他们有很高的成就感，他们更健康，而且不太容易像那些为别人工作的人那样轻易退休。创业者中说自己“永远也不想退休”的人是企业中职业经理的三倍。

二、创业者应具备的素质及提升方法

大学生利用中医技术发明新型口罩

春夏交替的季节，不少人容易诱发过敏性鼻炎，让不少人叫苦连连。现在有一种口罩，它不仅可以防雾霾，还可以预防鼻炎，而它的发明者是“95 后”女孩肖淑雅组成的创客团队。

肖淑雅是安徽中医药大学中医学专业的一名学生。她曾经是一名过敏性鼻炎患者，换季和刮大风的时候容易流鼻涕，但她一直不以为意。直到在参加完学校举办的 3 000 米长跑项目后，她的鼻炎彻底爆发了，眼泪鼻涕一大把，跟重感冒似的，别提多难受了。于是，她找到学校的周老师给她开了 7 服中药。

这件事后，肖淑雅有了一个大胆想法，就是将外治鼻炎的中药和口罩结合起来，既方便使用，成本又不是太高。在查阅文献和调研完口罩市场后，她发现，随着空气污染加重、亚健康人群增多等，中国患鼻炎的人也越来越多，但市场上还没有一款既能防雾霾，又能预防鼻炎的口罩。肖淑雅意识到，创业的好机会来了。

之后，她找到了 4 位志同道合的大学好友，组建了一支中医创业小团队。通过多次试验和测试，肖淑雅和她的团队终于研发出一种中医药保健口罩。

产品研发出来后，肖淑雅和她的团队又多次对其进行完善，并根据不同的季节，推出了不同的产品。比如，有防治流感花粉柳絮过敏的春季产品、清凉解暑的夏季产品、滋阴润肺的秋季产品，以及用于保暖防寒的冬季产品。肖淑雅介绍，口罩上还有一个可塑硅胶鼻夹。鼻夹不仅可以稳定口罩，还可以按摩迎香穴，同时也能有效缓解鼻塞、喷嚏、流涕等症状。

当他们克服各种问题研发出成品后，资金投入这个现实难题又摆在了团队面前，但好在他们的母校——安徽中医药大学及时伸出了援手。

与此同时，安徽中医药大学团委也将此项目作为安徽中医药大学重点扶植项目，并助其从学校的创业孵化基地成功入驻安徽省皖科融创创业平台。短短一年时间，肖淑雅和她的团队荣获了安徽省大学生创业大赛金奖等多项荣誉，并在2017年3月成功注册了安徽百会中医养生健康科技有限公司，随后正式将中医药保健口罩推向市场。肖淑雅告诉记者，现在她们的产品已经获批“皖新百会”商标和相关专利。未来，她们团队还将研发出更多和中药有关的产品，让中医养生理念惠及更多人。

问题与思考：

从上述案例中，想一想创业者除了具有专业能力外，还应具备哪些能力？

（一）创业者应具备的素质

1. 心理素质

（1）独立自主。创业者要有独立自主的个性心理。独立自主主要体现在以下几个方面：

- 自主抉择，即在选择人生道路、创业目标时，有自己的见解和主张。
- 自主行为，即在行动上很少受他人影响和支配，能将自己的主张、决策贯彻到底。
- 行为独创，即能够开拓创新，不因循守旧、步人后尘。

（2）坚定信心。坚定信心是指创业者对自身所从事的活动或事业深信不疑。这是创业者获得创业成功的必备要素。创业过程中往往会遇到很多困难，如果创业者缺乏坚定的信心，遇到挫折就怀疑自己决策的正确性，那么创业就无法顺利地进行下去。

（3）敢于冒险。在市场经济大潮中，机会与风险共存。只要从事创业活动，就必然有风险伴随。创业就意味着冒险，敢于冒险才可能把握稍纵即逝的市场机遇。但是，冒险不意味着冒进，并不是不顾具体条件和实际情形而冒险进行。如果一件东西，你经过努力有可能得到，且这个东西值得你去得到，那么你可以冒险去尝试；否则，你的行为就属于冒进。无知的冒进只会使事情变得更糟，你的行为将变得毫无意义。

（4）顽强执着。创业者需要有百折不挠、坚持不懈的毅力和意志。无论是面对成功还是失败，都要能做到坚持、不放弃。对于一个创业团队，顽强和执着的精神就是团队成功的锐利武器。

2. 道德素质

（1）诚信为本。诚信就是“诚实无欺，信守诺言，言行相符，表里如一”。诚信不仅是为人处世的基本准则，更是经商之魂。在创业过程中，诚信是第一品质，是创业者的“金质名片”，也是参与各种商业活动的最佳竞争利器。

道德素质

（2）责任心强。责任心是指一个人具有的对自己、家庭、组织及社会等主动担负责任的意识，是创业成功的基础。一个人一旦有责任心，就会在日常生活中表现出成熟的举动和行为，如尊老爱幼、爱岗敬业、尽职尽责等。创业者开始创业时，需要对企业员工担负责任，也需要对社会担负责任。

（3）守法律己。守法律己是指创业者要严格依据法律法规创办和经营企业，不从事违法活动，不做与法律相对抗的行为。要严于律己，做遵纪守法的创业者，这样企业才能得到持久发展。

（4）勤劳节俭。“勤能补拙”“勤劳致富”“成由节俭败由奢”等至理名言，都是我们人生和创业成功的不二法门。要想创业，特别是白手起家的创业者，就必须坚守勤劳节俭的人生习惯，并将勤劳节俭用于企业经营，降低经营成本，提高经营效率。

3. 专业素质

（1）专业能力。创业者在工作中不需要事事具备、面面俱到，但是熟练的专业知识、精湛的专业技能是保证自己在业内游刃有余的必备条件，尤其是对从零开始的创业者来说更加重要。

（2）社交能力。社交能力是指创业者构建其人际网络或社会网络的能力。一个创业者如果不能在最短时间内建立自己最广泛的人际网络，其创业过程一定会非常艰难。创业者在从事创业活动的过程中，避免不了各种社交活动，这对做好生产与经营工作、加强与各方面的沟通联系、扩大影响、减少负面效应、提高经济效益都有着不可估量的作用。

（3）管理能力。管理能力是指创业者对人员、资金的管理能力，主要涉及人员的选择、任用、组合和优化，资金的筹集、核算、分配、使用和流动。管理能力是一种较高层次的综合能力，是运筹能力。创业者管理能力的形成要从学会经营、学会管理、学会用人、学会理财几个方面去努力。

（4）创新能力。创新能力是创业能力的重要组成部分。创新能力是知识经济的主旋律，是企业化解外界风险和取得竞争优势的有效途径，主要包括两方面的含义：一是大脑活动能力，即创造性思维、创造性想象、独立性思维和捕捉灵感的能力；二是创新实践能力，即在创业活动中完成创新任务的具体工作的能力。创新能力是一种综合能力，与知识、技能、经验、心态等有着密切的关系。

小康和小刘是天津某学校大二的学生，不久前，两人以“丁晓暖”的名义在学校的贴吧里张贴“寄卖小屋”开张的帖子，上面明确说明，同学们手中各种各样闲置的书籍、日用品都能送到“寄卖小屋”出售，价格由卖主自己定，成交后她们收取 10% 的佣金。“目前我们最主要的客户就是大三、大四的学长和学姐，他们在学校生活的时间长，身边的闲置物品肯定不少。”小康说，将自己没有用处的物品转让给其他人，循环利用，既环保又经济实惠。

资料来源：王凯，《大学生创新创业理论与实务》，上海交通大学出版社，2018.

（二）提升创业素质的方法

1. 提升心理素质的方法

（1）自信心的培养。成功的人多是自信的人。有了信心，就有了前进的勇气与力量，就有了奋斗的动力，从而能克服重重困难，战胜失败与挫折，最终取得成功。提升自信心的方法有以下几种：

- ✧ 发现自己的优点。经常想想自己的长处，回忆自己做过的、引以为豪的事或成功的事可以增加自信心，这是树立自信心较有效的一种方式。因为个人的自信心，都是在成功实践的基础上，经过他人肯定和自我确认，逐渐树立起来的。
- ✧ 掌握一项技能。拥有一技之长的人，任何时候都不容易露怯。因为他知道自己有拿手本领，所以任何时候都有底气。
- ✧ 长期积累知识。自信源于知识的积累，一个学识丰富的人，即使性格内向，少言寡语，很少和身边的人接触，也不会认为自己会被他人轻视。当然，积累知识是一个长期的过程，就如同自信不是一朝一夕能够培养出来的一样。
- ✧ 做足事前功夫。做事没有自信，是因为对事情不了解，害怕出错，害怕失败。如果充分了解要做的事，了解它的每一个步骤，了解出现问题时相应的处理方法，那么还有什么可害怕的？因此，做任何事情之前都要做足事前功夫，深入细致地调查要做的事，详细询问过来人的经验，有不懂的地方立刻请教他人。
- ✧ 敢于表现自己。自卑的人，喜欢把自己“藏”在人群中，恨不得所有人都不要注意自己。想要变得自信，就要让所有人都注意你。在公共活动场合，尽量坐到前排；在讨论问题的时候，尽量发表自己的观点；尽量报名参加一些集体活动……要留给他人一个印象：也许我做得还不够，但是我敢于尝试，我在不断进步。

（2）胆量的培养。增强胆量的方法主要有以下几种：

- ✧ 多实践、多行动。多实践、多行动就是敢于做自己想做的事。在实践和行动中磨

炼自己，培养自己临危不惧、泰然自若地应对各种突发事件的能力。

✧ 做自己害怕的事。在道德和法律允许的范围内，在保证生命安全的前提下，做自己害怕的事。做完之后，你会发现很多事情原来没有想象中的那么困难。

✧ 多和有胆量的人接触。向有胆量的人学习，学习他们的勇敢精神是增强胆量的有效途径。

（3）毅力的培养。坚韧不拔的毅力是创业成功的基础。培养个人毅力的方法有以下几种：

✧ 做事情要有始有终，不能因为困难而放弃。

✧ 加强体育锻炼。积极参加体育锻炼不仅可以增强体质，还可以增强心理承受力，锻炼个人毅力。

✧ 要一心一意做好某件事。三天打鱼，两天晒网的心态对培养毅力往往起负面影响。

2．提升道德素质的方法

（1）诚信的培养。

✧ 认识诚信的重要性。诚信是各行各业生存的根本。坑蒙拐骗、以假乱真、以次充好的企业不可能长久经营下去，消费者可能上当受骗一次两次，但不可能永久受骗。

✧ 以诚待人。努力做到言行一致，表里如一，做老实人，说老实话，办老实事。

✧ 以信立业。在创业经营中要“言必信，行必果”，当履行承诺的条件发生变化时，不管有多大的困难，都要想方设法地按质按量地履行合同。

（2）责任心的培养。责任心的培养需要我们从身边的小事做起。对于大学生来说，立志创业，发奋学习科学知识，学习各种技能，增强创业本领，就是对自己负责任的表现；节省开销，尽力为父母、为家庭减轻负担，增强对家庭的责任感，就是对家庭负责任的表现；力所能及地帮助有困难的同学和朋友，不乱扔垃圾，遵守公共秩序，保持环境卫生，建设优美的校园和社会环境，就是对社会负责任的表现。

（3）守法意识的培养。守法意识可通过学习法律知识来培养。学习的途径有很多，可从书本上学习，可从社会实践中学习，也可通过各类新闻媒体学习。

（4）节俭习惯的培养。

✧ 树立崇尚节俭的意识，从我做起，从身边小事做起。

✧ 花钱要有计划。月初和年初都可以做一个预算，到月底和年底看一下花销与当初的预算是否吻合。另外，遇到想买的东西时，先问一下自己，是否真的有必要买，这笔钱是否在计划内，久而久之，花钱就会越来越有计划。

3．提升专业素质的方法

（1）专业能力的培养。实践证明，大多数人的成功和创业都是在某个领域或某个行业内进行的。没有专业特长的人，要想创业成功，是有很大困难的。所以，要努力提高自己的专业能力，具体来说，需要做到以下两点：

✧ 热爱自己选择的专业，并努力学好专业知识，为创业打好理论基础。
✧ 在实践中不断提高专业技能。

（2）社交能力的培养。

✧ 找出社交的困扰。现实生活中，每个人在与别人的交往中都可能遇到这样或那样的困惑。因此，要正确找出自身困惑来源于哪些方面，对症下药，解决自身存在的问题。
✧ 树立正确的心态。在与人交往的过程中，面对他人与自己有不一样的想法时，要用包容的心态去面对；遇到比自己能力强的同学、朋友，不要自卑、嫉妒，要学习他人的优点。
✧ 掌握社交心理和社交技巧，多读一些待人接物方面的书籍，学习人际交往技巧。

（3）管理能力的培养。

✧ 学会掌控自己的时间。首先，诊断自己的时间都用到了哪里。记录自己一天所做的事情及所用时间，连续记录一个月。然后，进行分析：哪些事情根本不必做，哪些事情可以由别人代劳而不用亲力亲为，哪些事情可以通过改进方法来提高效率。最后，消除浪费时间的活动，将有效时间用来处理重要的事情。
✧ 学会用人所长。真正优秀的管理者会首先考查一个人最擅长做什么事，再根据他的长处来安排工作。
✧ 学会要事优先。即集中精力先处理重要的事情。
✧ 善于做出有效的决策。

（4）创新能力的培养。创新是创业精神的核心。大学生要通过保持个性发展和好奇心、求知欲，勇于突破前人、突破书本、突破难题，自觉培养科学精神，训练创新思维，提高创新能力。

大学生创业者应具备的条件

作为大学生创业者，在创业前需了解创业者应该具备的条件：

（1）充足的资源（Resources）。大学生创业者除了要具备足够的经验外，还应具备充足的流动资金、时间、精神和毅力来支持创业。

（2）可行性的想法（Ideas）。创业项目最重要的是要有可行性、市场性和成长性，而不是纸上谈兵。

（3）适当的基本技能（Skills）。大学生创业者应当具备创办企业和管理企业的各项能力。

（4）相关知识（Knowledge）。大学生创业者不能仅有创业的理想，还需要具备创业所需要的各种知识。

（5）才智（Intelligence）。大学生创业者不仅要能够善于把握时机，做出决策，还要善于识人、用人。古人云："用人之长，天下无不用之人。用人之短，天下无可用之人。"所以，作为一个创业者，必须有足够的才智去相人、识人、用人。

（6）人际关系网（Network）。大学生创业者应当充分挖掘人脉资源，赢得尽可能多的支持，更要利用自己年轻的优势去开创属于自己的人脉关系。因为人脉就是钱脉，是企业未来发展的动力之一。

（7）明确的目标（Goal）。目标明确就是力量，就是大学生创业者为之努力的方向。

将上述七个条件的英文首字母连在一起，恰好是"RISKING"（冒险）一词，恰好反映出创业的风险特征。

创新案例及分析

诚信是创业成功的"王牌"

有一天，一位加拿大外商拿着一个天量订单找到了一位企业家。在最终签约前，对方提出了两个条件：一是需要有一家实力强大的公司做担保，二是要实地考察他的工厂。看似很常规的两个条件，对于当时这位羽翼未丰的企业家来说，却似两颗定时炸弹，随时都可能把这个天量订单炸得无影无踪。

这位企业家回去后，磨破嘴皮也没有任何一家有实力的公司愿意为他的小公司做担保，这让他有些心灰意冷；再看看自己简陋的厂房和陈旧的设备，要过实地考察这一关几乎不可能。此时，有人给他出主意："我们可以先花点钱，租用一间大工厂，反正那个外商也看不出来。"他坚决反对："即使订单泡汤，也绝不能糊弄别人。你要相信世界上每一个人都很精明，要令人信服并喜欢和你交往，那才是最重要的。"

第二天，这位企业家硬着头皮把加拿大外商请到了工厂里，如实向外商介绍了自己工厂的情况。令他倍感意外的是，外商刚走出车间，就要求与他签订合约。他面露难色地说："对不起，先生，我的工厂太小，没有任何一家有实力的本地公司愿意为我做担保。"外商笑着说："你的诚信，就是最好的担保。"他继续说："非常感谢您对我的信任，可是，这个订单对我来说实在太大了，我的这个小工厂的生产能力无法满足您的需要；现在，我手里的资金有限，还无法继续扩大生产规模。"外商坚定地说："我可以预付一笔订金，你扩产需要多少？你说个数吧！"

可见，诚信真的是可以当钱用的。

诚=言+成，即说到做到；信=人+言，即说人话，不说假话。诚信是为人之道，是立身处世之本。“人无信不立，业无信不久”，做企业和做人一样需要诚信。一个企业要想获得长远发展，就必须讲诚信。从企业创造价值的角度看，诚信是企业珍贵的无形资产，它可以提升企业的品牌知名度，并将其转化为企业的竞争优势；诚信也是一种生产力，它可以降低成本、提高效率。因此，诚信是对创业者创业的内在要求。

探索活动

创业素质和创业能力调查活动

活动目的：

了解大学生创业素质和创业能力的现状。

活动内容：

素质和能力是人生的软财富，是个人事业的生机之所在，也是个人创业成功的关键所在。只有积极进取，不断提升个人的素质和能力，才能适应社会发展的需要，才能在创业的道路上披荆斩棘，取得成功。

为了解大学生创业素质和创业能力的现状，组织开展一次创业素质和创业能力调查活动。具体操作步骤如下：

（1）4～5人一组，每组选出一个小组负责人，负责整个活动的策划和安排。

（2）每小组按照要求设计调查问卷，问卷内容要涵盖创业素质和创业能力的有关问题，所提问题要包括封闭性问题和开放性问题两类。

（3）选择调查时间和调查对象，利用课外时间进行调查。

（4）调查活动结束后，每小组撰写一份调查报告。报告内容包括调查目的、调查对象、调查方法、调查结果、调查分析、创业素质和创业能力提升建议等。

活动检测：

活动结束后，教师可根据表4-1进行评分。

表4-1　探索活动评价表

评分标准	分值	实际得分	备注
积极参与活动	20		
调查问卷设计合理，符合要求	35		
调查报告分析正确，并提出有效建议	35		
其他	10		
总分	100		

能力训练

社交能力训练

训练一：记住他人

了解并记住他人是社交中的一项基本技能。在第一次见面后，就能记住他人的名字及爱好等，是对他人的尊重。在第二次见面时，若能直接叫出对方的名字，会让对方对你产生好感。活动步骤如下：

（1）分小组，10 人一组。

（2）小组成员围成一个圈。任意一个人说出自己的姓名、喜欢做的事情，第二个同学轮流介绍，但要说出第一个同学的名字及爱好，然后说出自己的名字及爱好，如："××喜欢××、××。我是××，我喜欢××。"第三个同学要分别说出前两个同学的名字及爱好，然后介绍自己。最后介绍的一个同学要将前面所有同学的名字和爱好复述一遍。

训练二：欣赏赞美他人

人不是完美的，只有学会欣赏别人的优点，在人际交往中才会受欢迎。活动步骤如下：

（1）分小组。

（2）先请一个人站在前面或中间，大家轮流赞美他（她）的优点。

（3）由一个人将大家的赞美写在他（她）事先准备好的本子上，并签上每个同学的名字。

第二节　组建创业团队

问题导入

创业者可以是个人，也可以是团队。通常情况下，一些有着共同愿望和价值观的人，怀着对梦想的渴望而走到一起，就形成了最初的创业团队。他们通过对资源和生产要素的重新组合，来开发自己的产品或服务，满足市场的某种需求。在进行本节的学习之前，先思考以下几个问题：

（1）为什么投资者特别重视团队建设？

（2）组建团队只是为了找到志同道合的人吗？

（3）组建团队应注意什么？

一、创业团队的基本知识

创业团队的重要性

史玉柱是我国少有的经过大难又能够东山再起的优秀企业家。由于史玉柱的决策失误，导致巨人集团几乎陷入绝境。但谁都没想到几年后史玉柱居然奇迹般地复出了，他不但还清了近亿元的债务，还创造了事业上的新高峰。史玉柱东山再起的重要原因之一就是：在巨人集团陷入最低谷时，仍有十几个创业伙伴在不拿任何报酬的情况下追随史玉柱打拼事业。

史玉柱的创业史

资料来源：行知部落网

问题与思考：

史玉柱凭借什么东山再起？创业团队对于创业有何意义？

（一）创业团队的含义

团队是指合理利用每一个成员的知识和技能协同工作，以解决问题、达到共同目标的共同体。创业团队是指由少数技能互补的创业者组成，为实现共同的创业目标，达成高品质的结果而努力的共同体。

（二）创业团队的组成要素

创业团队需具备目标（Purpose）、人（People）、定位（Place）、权限（Power）和计划（Plan）五个重要的组成要素，简称“5P”。

1．目标

创业团队应该有一个既定的共同目标，为团队成员导航，使团队成员知道要去向何处。没有目标，团队就没有存在的价值。目标在创业企业的管理中以创业企业的远景、战略等形式体现。

2．人

人是构成创业团队最核心的力量。三个及三个以上的人就形成一个群体，当群体有共同的奋斗目标时就形成了团队。在一个创业团队中，人力资源是所有创业资源中最活跃、最重要的资源，应充分调动团队成员的各种资源和能力，将人力资源进一步转化为人力资本。

3．定位

创业团队的定位包含以下两层意思：

（1）创业团队的定位。确定团队在企业中处于什么位置，由谁选择和决定团队的成员，团队最终应对谁负责等。

（2）个体的定位。对团队成员进行明确分工，确定各自承担的责任。

4．权限

（1）团队领导人的权力。团队领导人的权力大小与创业团队的发展阶段相关。一般来说，在创业企业发展初期，领导权相对比较集中，团队越成熟，领导者拥有的权利相应越小。

（2）团队权力。要确定整个团队在组织中拥有什么决定权，如财务决定权、人事决定权等。

5．计划

目标的实现，需要一系列具体的行动方案，计划是创业团队实现目标的具体工作程序。创业团队只有在有计划地操作下，才能一步一步地贴近目标，从而最终实现目标。

（三）创业团队的类型

根据创业团队组成者的不同，创业团队可分为星状创业团队、网状创业团队与从网状创业团队演化而来的虚拟星状创业团队。

1．星状创业团队

星状创业团队在形成之前，一般是核心人物有了创业的想法，然后根据自己的设想进行创业团队的组织。因此，在团队形成之前，核心人物已经就团队组成进行过仔细思考，根据自己的想法选择相应人员加入团队，这些加入创业团队的成员可能是核心人物以前熟悉的人，也可能是不熟悉的人，但这些团队成员在企业中更多时候是扮演支持者的角色。星状创业团队具有以下特点：

（1）组织结构紧密，向心力强，核心人物在组织中的行为对其他成员影响巨大。

（2）决策程序相对简单，组织效率较高。

（3）容易形成权力过分集中的局面，从而使决策失误的风险加大。

（4）当其他团队成员和核心人物发生冲突时，因为核心人物的特殊权威，使其他团队成员在冲突发生时往往处于被动地位，在冲突较严重时，一般都会选择离开团队，因而对组织的影响较大。

2．网状创业团队

网状创业团队的成员一般在创业之前都有密切的关系，如同学、亲友、同事、朋友等。

他们在交往过程中共同认可某一创业想法，并就思想达成共识以后，开始共同进行创业。在创业团队组成时，没有明确的核心人物，大家根据各自的特点进行自发的组织角色定位。因此，在企业初创时期，各个成员基本上扮演的是协作者或者伙伴角色。网状创业团队具有以下特点：

（1）团队没有明显的核心，整体结构较为松散。

（2）一般采取集体决策的方式，通过大量的沟通和讨论达成一致意见，因此组织的决策效率相对较低。

（3）由于团队成员在团队中的地位相似，因此容易在组织中形成多头领导的局面。

（4）当团队成员之间发生冲突时，一般都采取平等协商、积极解决的态度消除冲突，团队成员不会轻易离开。但是一旦团队成员间的冲突升级，使某些团队成员撤出团队，就容易导致整个团队的涣散。

3. 虚拟星状创业团队

虚拟星状创业团队是由网状创业团队演化而来的，是前两种创业团队的中间形态。在这种创业团队中，有一个核心人物，但是该核心人物地位的确立是团队成员协商的结果，因此核心人物从某种意义上说是整个团队的代言人，而不是主导型人物，其在团队中的行为必须充分考虑其他团队成员的意见，不如星状创业团队中的核心人物那样有权威。

广东南海联邦家私集团成立于 1984 年，20 多年来从一个小作坊发展为中国家具行业中的知名民营企业，时至今日，当初创业时的六个股东仍然留在联邦。这个团队是如何组建的呢？

1984 年 10 月 28 日，联邦集团的前身广东南海盐步联邦家具厂成立。王润林、何友志、杜泽荣、陈国恩四个小时候一起玩的朋友聚在一起，他们要干一番事业。小小的家具厂让这几个朋友走得更近了，不过，他们之间的关系还是发生了一些变化，在朋友之外多了一层股东关系。

王润林之前学过设计，何友志做过藤椅师傅，杜泽荣在建筑公司干过打桩，陈国恩也没有什么做老板的经历。这样的四个普通人创立了联邦家具厂。然而，这四个农民出身的人还是不知道怎么办企业，他们还需要新的成员加入进来。之后他们请杜泽桦加入团队，那时的杜泽桦担任一家藤器厂厂长，是当时广州荔湾区最年轻的厂长，曾参加过中国第一期厂长经理培训班，正是意气风发之时，于是杜泽桦被推举为团队的核心。随后，同样有着藤器厂工作背景的另一个玩伴——郭泳昌也加入了这个团队。

联邦的六人团队，杜泽桦评价说："朴素、简单、正派，没有野心，没有排斥，在性格上互补，为了生计走到了一起。"儿时的友谊和成人后的相互信任，是这支团队合作的纽带。

资料来源：慧聪网

优秀创业合作伙伴通常应具备的素质

（1）慈孝。一般来讲，一个懂得孝敬父母和关爱长辈的人是值得信赖的。相反，如果一个人对父母都不好，这样的人人品肯定有问题，是坚决不能交的。

（2）果断。做事果断，敢于担责是一种优秀的品质。如果一个人胆小怕事、瞻前顾后，他只会成为你创业的障碍，而绝不会是推手。

（3）诚信。我们常讲，做人、做事应以诚信为本。如果一个人连起码的诚信都没有，大家在做事时相互防范，这样的合作是不可能进行下去的。

（4）成熟，有韧劲。有些人恨不得一天赚 100 万，“一万年太久，只争朝夕”，这样的朋友还是不合作为好。要知道，万事开头难，制订半年甚至一年不赚钱且能坚持下去的备用计划，这才是创业的王道。

（5）专注。很多人思想新潮、想法很多，总是这山望着那山高。他们不了解，很多事情专注最重要，一个人一辈子真正能精通一两个领域就已经很不简单了。因此，在选择合作伙伴时应该选择做事专注、踏实之人，而不是见异思迁、志大才疏之辈。

（6）认真。做事不认真，敷衍了事，这是所有公司都应摈弃的员工，这种人更不可能成为合作伙伴。

（7）开朗。创业肯定会遇到各种困难，没有困难的行业肯定不赚钱。性格开朗的人是最容易成就事业的，每天忧心忡忡、茶饭不思、不知明天会如何的人，做事怎么会有激情？

（8）现实。既有远大理想，又能面对现实、脚踏实地的人，才是我们要合作的伙伴。

（9）讲效率。这个社会快半步吃饱，慢半步逃跑。任何事情如果不能以最快的速度去做、去完成，就只能等着失败。因此，和一个做事不讲效率的人合作，你的企业在当今社会是很难生存的。

（10）忠诚于角色。创业不是儿戏，如果不能精诚合作，大家根本没必要聚在一起。俗话说得好：“家有千口，主事一人。”对于一个企业来讲，必须有一个核心；对于其他人而言，必须各安其位，各司其职。

（11）不虚荣。有些人开张伊始，就要坐大班台、装修办公室、请前台接电话……和这样的人合作，开张就是关张的前奏。创业初期还是先多想想怎么赚钱，而不是花钱吧！

（12）不狂妄。有些人觉得自己天下第一，一出手就得是惊天动地的大手笔，和这样的人一起创业，成功的希望很渺茫。“三人行，必有我师”，一个人无论多么聪明，如果没有一颗谦虚、谨慎、善于学习的心，终究难成大器。

二、创业团队的组建

"脸书"的创业团队

"脸书"是近年来最成功的创业公司之一。在"脸书"成功之前，他们经历了好几年的辛苦挣扎。马克创办"脸书"时，他在想的根本只是"如何能让所有哈佛的学生加入这个网站"。更重要的是，当"脸书"忙着吸引哈佛的一万名学生加入时，那时如日中天的社群网站"我的空间"早已经拥有上千万会员。北美的创投、互联网圈的专家都不相信"脸书"能够有一天打败"我的空间"。而改变这一切的不是"脸书"的想法有多好，而是他团队的高效：不断地更新产品，不断地从使用者的回馈中求进步、找成长、积累用户。团队的高效带给"脸书"前所未有的辉煌。可见，这个世界上没有烂点子，只有不会执行的团队。

资料来源：新浪博客网

问题与思考：

通过上述案例，高效创业团队的重要性有哪些？如何组建高效的创业团队？

（一）创业团队的组建原则

1．优势互补

创业团队虽小，最好"五脏俱全"。必须充分重视团队成员的知识结构——技术、管理、市场、销售等，充分发挥个人的知识和经验优势。优秀的创业团队应该是每个成员各有长处，大家结合在一起正好互补，相得益彰。在一个创业团队中，如果有两个核心人员的重要能力完全一样，那么对团队今后的发展可能会埋下隐患，甚至可能导致整个创业团队散伙。

2．共同的价值观

团队成员应该是一群志同道合的人，即要认可团队的价值观和团队的共同目标。没有共同的价值观和目标，那就不是一个创业团队，而是一群乌合之众。共同的价值观增加了沟通的便利性并有助于形成良好的人际关系。

3. 确立好团队核心人物

创业团队的核心人物是创业团队的灵魂，是团队力量的协调者和整合者。创业团队的核心人物不是靠资金、技术、专利来决定的，也不是谁出了好点子、谁最先提出创业创意谁就当头儿，而应当是在综合原有的背景并在创业实践过程中受到团队成员发自内心认可和拥戴的带头人。但是，在创业之初，由于缺乏了解和实践检验，通常由发起人或大股东暂行创业团队核心人物职责。

（二）组建优秀创业团队的要点

组建创业团队的基石在于创业远景与共同信念，因此创业者需要提出一套能够凝聚人心的远景与经营理念，从而形成共同的目标与企业文化。一般而言，要组建一个优秀的创业团队，应特别注意以下几点。

1. 彼此了解

创业团队的所有成员都应该相互非常熟悉，知根知底。在创业团队中，团队成员都应非常清醒地认识到自身的优劣势，同时对其他成员的长处和短处也应一清二楚，这样可以很好地避免团队成员之间因为相互不熟悉而造成各种矛盾、纠纷，从而强化团队的向心力和凝聚力。

需要注意的是，这里所说的了解是真正的了解，而不是表面上的了解。例如，尽管许多大学生创业时选择的合作伙伴都是亲戚、同学、朋友、校友等，但还是很快就失败了，其根本原因在于：虽然他们选择的合作伙伴都是“熟人”，但他们对这些“熟人”并没有真正了解。

2. 相互信任

信任是解决分歧、达成一致的唯一途径。创业团队成员不仅要志同道合、彼此了解，更需彼此信任。最初创业时，要把最基本的责、权、利说得明白透彻，尤其是股权和利益分配，包括增资、扩股、融资、撤资、人事安排及解散等。这样在企业发展壮大后，才不会出现因利益、股权等的分配分歧产生矛盾，最终导致创业团队解体的局面。

在上海某学校，有一名攻克了某种高级观赏鱼人工养殖技术的学生，名叫王楠。王楠在毕业时，就用这个颇有技术含量和难度的项目开始了自己的创业之旅。

为了开办公司，他找到了一个与他性格不同但优势互补的搭档张玉。王楠是技术型的，可以负责公司的技术问题；而张玉是营销型的，可以负责公司的销售和外联工作。

公司在天使基金的帮助下顺利开张了，由于产品填补了市场空白，一时间生意兴隆，王楠和张玉都很开心。但是好景不长，渐渐地王楠发现公司的业务虽然好，可就是不盈利。经过细心地观察和打探之后，他发现张玉已经在外边新开了自己的公司。

原来，张玉因担心王楠在公司壮大后挤走自己，而提前找好了出路。

是沟通不够，还是利益分配不均？这个因为彼此优势互补而结合的团队，最终因为彼此之间的信任问题导致合作失败了，也导致了创业的失败。

资料来源：张钱，《大学生创新创业教育教程》，上海交通大学出版社，2018.

3．理念一致，目标相同

（1）所有团队成员都必须认同大家共同确定的创业目标、分配制度、管理制度、企业发展战略、经营理念、企业文化等，都必须保持对企业长期经营的信心。

（2）所有团队成员都必须认识到团队是一体的，所有成败都是整体的而非个人的。大家必须能够同甘共苦，将团队利益置于个人利益之上。团队中没有个人英雄主义，每位成员的价值表现为其对团队的贡献。大家愿意牺牲短期利益来换取长期的成功果实，而不是计较短期的薪资、福利、津贴等。

（3）所有团队成员都必须对工作抱有满腔激情，必须要有每天长时间工作的准备。任何人不管其专业水平多么高，如果没有激情，将无法适应艰苦的创业生活。

（4）所有团队成员均应了解企业在成功之前将会面临的挑战，并承诺不会因为一时的困难而退出。如确有特殊原因需提前退出团队，必须将股权优先转让给团队成员。当企业面临困难时，大家必须齐心协力，共同面对，一起解决。

4．取长补短，相得益彰

从人力资源管理的角度来看，建立优势互补的创业团队是保持创业团队稳定的关键。研究表明，大多数创业团队组建时，并未充分考虑到成员专业能力的多样性，大多是因为有相同的技术能力或兴趣，至于管理、营销、财务等能力则较为缺乏。

因此，要使创业团队发挥最大的能量，在创建团队时不仅仅要考虑成员之间的关系，更重要的是要考虑成员特点之间的互补性，如彼此之间性格、经验、专长、技术等方面的互补，以此来达到团队的平衡。

优秀的创业团队成员

一般来说，一个优秀的创业团队必须包括以下几种人：

（1）一个很好的“领袖”。此人必须能够高瞻远瞩，能够为企业制定明确的战略、战术；必须有很好的人品，处事公正，能够服众，能够团结整个团队；还必须具有很好的协调能力，能够及时化解团队成员的矛盾。

（2）一个很好的“管家”。此人主要负责企业的日常运营及各项规章制度的制定。由于企业日常事务非常琐碎，因此，此人必须心思缜密、工作细致。

（3）一个很好的“财务总管”。资金是企业的生命线，因此，创业团队中最好有一个专业的“财务总管”，以合理地安排企业收支，帮助企业融资。

（4）一个很好的“营销总监”。俗话说，产品是基础，营销是龙头。如果营销不行，产品就不能变成钱，企业只有关门大吉。

此外，如果创业企业是一个技术类企业，可能还需要一个很好的“技术专家”，以帮助企业不断地将技术或产品推陈出新，始终处在行业的前沿。

创新案例及分析

资金不够一起凑，仨“90后”上演长春版“中国合伙人”

在电影《中国合伙人》中，三个年轻人因为拥有同样的梦想而一起打拼事业，共同创办英语培训学校，最后功成名就、实现梦想。在长春，有三个“90后”也上演着“中国合伙人”式的故事，他们合伙开了一家科技公司，目前正在研发一种智能激光清雪设备，还梦想有一天公司能上市。

创业梦　仨“90后”组成“中国合伙人”

郑某，女，1991年生；小宿，男，1993年生；刘某，男，1991年生。据介绍，郑某有过在世界500强企业工作的经历，而另外两名男孩则有过海外求学的经历。郑某跟小宿是多年的好朋友，而小宿和刘某则是同学，创业前他们常聚，三个人都有着共同的创业梦。2014年，他们成立了一家科技公司，组成了“中国合伙人”。

创业初　生意陷困境，一起喝酒三天

创业之初，他们有着共同想法：把国外较为先进的技术带回来，再创新变成真正有意义和价值的产品。他们研发的第一个产品是车载健康枕。资金是创业中遇到的最大难题，三个人倾囊而出，凑了近40万元，作为公司的启动资金。2014年年末，在第一批产品投入生产之前，资金链断了。三个人再凑，两个男孩去跟朋友借钱，郑某则把房子抵押到银行去贷款。他们想的是：产品生产出来之后，两三个月资金就能回笼，借的钱就可以还上了。

但由于对市场了解不够，健康枕生产出来之后，销量跟他们想象中差得很远，价格也达不到预期。产品销不出去，资金全押在里面，生意陷入困境。“我们三个真想坐在地上哭啊！”郑某说，“我们在一起喝了三天的酒，把我爸的一桶10斤装的酒全喝光了。”发泄之后，三个人又重新上路。“从没动摇过，我们在一起聊的，只是总结经验，研究怎么把东西卖出去。”郑某说。

创业帮　生意不错，感情仍然很好

公司刚成立时，股东只有郑某和小宿，刘某只是来帮忙。哥们儿式合伙，仇人式散伙，是许多企业最常见的聚散模式，也是三个人最为担心的。“生意没做成，朋友还掰了，这是我们最不愿看到的结果。”郑某说。

现在，他们共同创业已有三年时间了，生意不错，感情仍然很好。郑某性格大大咧咧，比较直，有什么说什么；刘某性格比较急躁，但一般不发火，比较严谨；小宿性格平和，有耐心，能包容人。“我们经常一起工作到很晚，但总能说说笑笑的，很开心，感觉像在一个家庭生活一样。”郑某说。

创业路　研发激光清雪设备

小宿说，长春冬天雪很大，机械除雪对路面会造成破坏，而且融雪剂对路面及树木也有伤害。他们研发的智能激光清雪设备，激光束离地 50 厘米即可清雪。它的优势是：第一，能耗小，只相当于一个电吹风；第二，不需要任何融雪剂，对路面不造成任何破坏；第三，能解决机械清雪解决不了的问题，可以清除冰雪混合物；第四，可以清除电线杆上的纸质小广告及墙上的涂鸦等。

创业经　想创业要跟着政策走

创业半年后，公司进入创业园，这时他们才发现走了不少的弯路。“我们刚开始回国的时候，只知道埋头苦干，没有去看政府的政策，后来才知道这样越做越错。”郑某说，创业困难无非就是三点，资金、人才和市场。他们经历了许多创业者都经历过的错事——不懂市场。“只知道自己有技术，但不去考虑后果，没有试水的经验。”郑某说，进驻创业园之后，享受到了较低的房租价格，后来干脆申请了房租减免。

另外，政府有关部门还会帮助申请一些创业贷款及业务指导，这些都是之前他们不了解的。

正所谓“物以类聚，人以群分”，如果我们身边聚集的都是一些有价值的人，那么我们的价值也能从他们身上得到体现。案例中，三个合伙人的团队合作精神非常值得称赞。他们遇到挫折后能够很快调整心态，重新振作；性格互补，创业三年感情仍然很好；敢冒风险，敢于引进最新技术；善用政策，跟着政策走。这些都是他们创业成功值得我们借鉴的经验。

创建自己的团队

活动目的：

引导学生学习创业团队的组建。

活动内容：

如果你是一个团队领导者，将要组建一个创业团队，请对以下问题进行说明：

（1）对创建企业的类型、经营范围和消费群进行描述。

（2）对团队中每个人的工作和职责进行描述。

（3）对每个成员在创业过程中将如何做到相互配合进行描述。

活动检测：

活动结束后，教师可根据表 4-2 进行评分。

表 4-2　探索活动评价表

评分标准	分值	实际得分	备注
岗位设置合理	30		
职责明确	30		
员工之间能相互配合	40		
总分	100		

能力训练

假设你自己创办了一个小公司，雇了 4 名员工（2 名全职、2 名兼职）。你的这些员工都很可靠，只是有一名全职员工虽然工作做得不错，但经常迟到，还总是请假。这种情况影响了其他员工，并且影响到了整个公司的士气和规范管理。根据上述问题，找出解决方法。

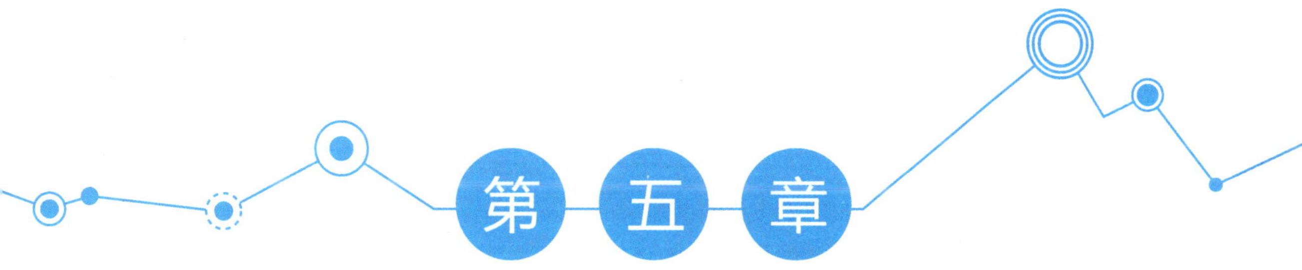

第五章 发现创业机会，选择创业项目

知识目标

- 了解创业机会的含义与识别方法。
- 掌握创业机会的评估方法。
- 理解创业项目选择的策略。

能力目标

- 能初步根据自身资源优劣势选出合适的创业机会。
- 能初步根据自身情况进行创业项目优劣分析。

素质目标

- 自觉培养寻找创业机会所需的敏锐意识。
- 自觉培养选择创业项目所需的专业精神及严谨、细致的品质。

第一节　发现创业机会

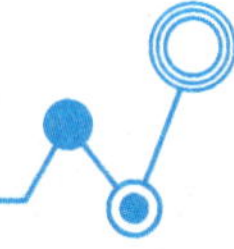

问题导入

我们经常听到一些想创业的朋友这样抱怨："别人机遇好，我运气不好，没有机遇。""我要是早几年做就好了，现在做什么都难了。"其实这都是误解，机遇无处不在，就看你能不能找到它。在进行本节的学习之前，先思考以下几个问题：

（1）什么是创业机会？

（2）如何才能发现创业机会？

一、创业机会的基本知识

李维·施特劳斯西部淘金，淘出牛仔"金矿"

李维·施特劳斯是世界著名服饰品牌Levi's的创始人。他出生在德国的一个小职员家庭，从小就很聪明，顺利地上完中学、大学，然后当了一名文员。20多岁时，他深入美国西部，投入美国加州的淘金热潮。在途中，一条大河拦住了去路，许多人感到愤怒，但李维·施特劳斯却说"棒极了！"他设法租了一条船给想过河的人摆渡，结果赚了不少钱。但不久后摆渡的生意被别人抢走了。

李维·施特劳斯继续前往西部淘金。来到西部，他发现淘金的人很多，卖水的人很少，于是他又向淘金者卖水，赚了不少钱。后来卖水的生意也被抢走了。

李维·施特劳斯不得不再次寻找新的商机，他观察到由于采矿时工人跪在地上，裤子的膝盖部分特别容易磨破，而矿区里有许多被人丢弃的帆布帐篷，于是，他就把这些旧帐篷搜集起来洗干净，做成裤子，就这样他缝出了世界上第一条牛仔裤。从此，他的牛仔裤生意一发不可收拾，最终他成为举世闻名的"牛仔大王"。

李维·施特劳斯将问题当作机会，发现了身边的商机，最终实现了致富梦想。

资料来源：淘豆网

问题与思考：

生活中你发现有合适的创业机会吗？你是如何抉择的呢？

（一）创业机会的含义与特征

创业机会是指在市场经济条件下，社会经济活动过程中形成和产生的一种有利于企业经营成功的因素，是一种带有偶然性并能被经营者认识和利用的契机。创业机会具有以下特征：

（1）普遍性。凡是有市场、有经营的地方，客观上就存在着创业机会。创业机会普遍存在于各种经营活动过程之中。

（2）偶然性。对于一个企业来说，创业机会的发现和捕捉带有很大的不确定性，任何创业机会的产生都有“意外”因素。

（3）消逝性。创业机会存在于一定的时空范围之内，随着产生创业机会客观条件的变化，创业机会会相应地消逝和流失。

从山东某学校毕业的小王和同学一起到北京找工作。一次，他与几位同学上街，途经一个市场，口渴难耐，想买一些水果吃，可那些价格高昂的水果，令他们望而却步。忽然，他看到一堆枣，那是他们家乡的大枣。他知道那枣在家乡挺便宜，只有两块钱一斤，于是他决定买一斤解解渴，一问价格，结果令他大吃一惊：八块五一斤？“这么贵呀，你们赚得太黑心了！”同行的一位同学说。

说者无意，听者有心。小王想，这大枣一来一往价格相差这么大，该多有赚头呀！于是，他立即返回家乡，凭着老乡关系，赊了3吨大枣，搭了一辆车送到北京，他来到丰台区的一家大市场，将大枣以七块八的价格批发给了小贩们，这鲜红的带着露珠的大枣顿时被抢购一空，就这样一个月内他往返北京与家乡达五六次。小王这样做了半年，路也熟了，不仅经营大枣，还开始经营山东的其他土特产，生意一步步扩大，一步步红火，现在他已是闻名京城的山东土特产经销商。

资料来源：豆丁网

（二）创业机会的类型

1. 按创业机会的来源分

按创业机会的来源不同，创业机会可分为问题型机会、趋势型机会与组合型机会。

（1）问题型机会是指由现实中存在的未被解决的问题所产生的创业机会。问题型机会在人们的日常生活和企业实践中大量存在，如顾客的抱怨、大量的退货、服务质量差等，在这些问题的解决过程中，存在着价值或大或小的创业机会，需要用心发掘。

（2）趋势型机会是指在变化中看到未来的发展方向，预测到将来的潜力和机会。这种机会一般容易产生在重要领域改革或时代变迁的时期。

（3）组合型机会是指将现有的两项以上的技术、产品、服务等因素组合起来，实现新的用途和价值而获得的创业机会。

2. 按目的—手段关系的明确程度分

按目的—手段关系的明确程度不同，创业机会可分为识别型机会、发现型机会与创造型机会。

（1）识别型机会是指市场中的目的—手段关系十分明确时，创业者可通过目的—手段关系的连接来辨识机会。例如，当商品供求之间出现矛盾或冲突、不能有效地满足需求时，就会出现大量的创业机会。常见的问题型机会大多属于这一类型。

（2）发现型机会是指目的或手段任意一方的状况未知，等待创业者去发掘机会。例如，一项技术被开发出来，但尚未有具体的商业化产品出现，因此需要通过不断尝试来挖掘出市场机会。

（3）创造型机会是指目的和手段皆不明确，因此创业者要比他人更具先见之明，才能创造出有价值的市场机会。

（三）识别创业机会的方法

在创业机会识别和发现的过程中，灵感和创造力十分重要，但是创业者在实际发现和评价创业机会过程中的艰苦努力和所采用的正确方法也同样不容忽视。

1. 偶然机会法

在偶然之中寻找创业机会，善于捕捉意外发现。例如，某公司董事长喜欢一边打网球一边听音乐，因此，他喜欢在球场上装麦克风、扬声器及唱盘。他想，总该有一个较好的方法来解决这个麻烦。随身听就是在这种需求下产生的，这是该公司有史以来最具革命性与利润性的产品。又如，普强制药公司在进行降低高血压固态晶片的反应测试时，意外地发现这些药不仅可以控制高血压，还具有促进头发生长的效果，因此，他们积极改良开发生发剂的产品市场。

2. 问题分析法

通常情况下，许多成功的企业都是从解决问题起步的。所谓问题，就是现实与理想的差距。例如，顾客需求在没有得到满足之前就是问题，而设法满足这一需求，就抓住了市场机会。因此，创业者应多关注还未解决的问题，从而发现创业机会、抓住创业机会。

朱伟，2017 年 6 月刚刚大学毕业。大学期间，他曾加入过“轮滑协会”，发现很多学生组织和班级都想设计一套符合自己特色的统一服装，他想到武汉这么多高校，市场一定很大。经过商讨后，朱伟与同班同学张鹏一起注册，成为“个体户”，专门给大学生定制服装，包括运动装、正装、T 恤等，还可以团购体育用品。

相对于其他店，他们有很大的优势，一是可以提供上门服务，只需要报上尺码，定做或者购买都行；二是他们有专业的成员帮忙设计 logo，所以更受学生青睐。由于价格低、质量有保证，他们的定做业务非常受欢迎，四个月左右，已经盈利五万多元，平均每月上万元，并且得到了某知名运动品牌公司的资金支持，希望在政策的支持下正式注册公司。

为大学生提供定制服装，既满足了部分大学生的需求，又为自己找到了合适的创业机会。

资料来源：李运楼，《就业指导与创业基础训练教程》，航空工业出版社，2015.

3. 启发式方法

启发式方法与创业者的创造性联系最为密切。其具体做法如下：首先是分析，即选取一个特定的市场或产品领域，并弄清楚与这一领域相联系的概念；然后是综合，即将这些概念以提供一个新视角的方式归到一起。这个过程是相互作用、相互启发的，每一个分析—综合的循环都改进了对机会的洞察，并使之更加清晰。

4. 市场坐标图法

市场坐标图法的具体做法是：根据产品的价格、质量和功能等参数来定义某一产品种类的维度，将顾客的特性参数作为另一类维度，这两类维度构成一种市场坐标图，产品基于在坐标图中的位置被定位于不同的组，即坐标图中的不同象限。这种图的制作需要有效地确定产品和顾客的维度，以及充分的市场信息和有关的统计技术。这种二维的市场坐标图不仅可以分析目前产品在市场坐标图中所处的位置，而且可以表明产品之间的相互关系及留下的市场空缺。

5. 特性延伸法

特性延伸法是指确定一个特定产品或服务的基本特性，然后去考察如果它们以某种方式发生变化，会发生什么情况。应用特性延伸法的技巧是，以一系列适当的形容词来测验每个特性，如“更大”“更强”“更快”“更多乐趣”“更方便”等。例如，“傻瓜”相机是以使用者的“更方便”取胜的，计算机的更新换代是以其芯片运行速度“更快”为标志的，帝都白酒受欢迎是沿着“度数更低”特性展开的。当然，特性延伸也可采取更加复杂的、混合的方式，将来自不同产品的特性混合在一起创造新产品。实践证明，在产品的特性延伸上孕育着巨大的潜在商机。

6．SWOT 分析法

SWOT 分析法是由旧金山大学的管理学教授于 20 世纪 80 年代初提出来的。SWOT 的四个英文字母分别代表优势（Strength）、劣势（Weakness）、机会（Opportunity）、威胁（Threat）。所谓 SWOT 分析，即态势分析，是将企业内外部条件各方面内容进行综合和概括，进而分析组织的优劣势、面临的机会和威胁的一种方法。通过 SWOT 分析，可以帮助企业把资源和行动聚集在自己的强项和有最多机会的地方，并让企业的战略变得明朗。

SWOT 分析法

影响创业机会识别的因素

在现实生活中，许多人都有创业的想法，富有创业幻想，但能否在众多的创业想法中发现真正的创业机会，并有能力抓住它，最终成为一个成功的创业者，还受到许多因素的影响，具体有以下几个方面：

（1）先前经验。在特定的产业中，先前经验有助于创业者识别机会。某个人一旦投身于某产业创业，将比那些从产业外观察的人更容易看到产业内的新机会。

（2）认知因素。在某个领域拥有更多知识的人，倾向于比其他人对该领域内的机会更警觉。例如，一位计算机工程师就比一位律师对计算机产业内的机会和需求更警觉。

（3）社会关系网络。个人社会关系网络的深度和广度影响着机会识别。建立了大量社会与专家联系网络的人比那些拥有少量网络的人更容易得到好的机会和创意。一项针对 65 家初创企业的调查发现，半数创业者说，他们通过社会联系得到了他们的商业创意。

（4）创造性。创造性有助于产生新奇或有用的创意。从某种程度上讲，机会识别是一个创造过程，是不断反复的创造性思维过程，具有创造性思维的人更容易发现创业机会。

二、创业机会的评估

飞到海外的“孔明灯”

一位来自江西某学校的“80后”大学生因“5元钱创业赚百万，孔明灯照亮人生路”的故事登上了中央电视台《财富故事会》。

刘鹏飞，江西某学校商学院2007届金融专业毕业生，他一毕业就坐上火车来到浙江义乌打工。一个偶然的机会，他看到了有人在广场放孔明灯，这引起了他的兴趣。回来后，他上网查询了国内相关企业的资料，了解到孔明灯在欧洲和东南亚市场基本处于空白状态。于是，他辞职了。他带着自己的创意，找到了一家生产孔明灯的企业，承包了该厂的销售，并与企业达成利润分成的协议。他的讲述打动了企业老板，老板决定跟他合作。就这样，几乎身无分文的他有了工厂作为依靠。接下来，他开始在阿里巴巴、贸易通上打广告，并在淘宝网上开设了自己的商店。2007年年底，一份20万元的订单令他兴奋不已，尝到了创业的甜头。

他利用年轻人熟悉网络平台的优势，为公司建立了网站，并分析百度和Google的特点，设计一些关键词，使他们公司产品的搜索排名一直靠前。特别是，他根据一些非英语国家客户的喜好，把孔明灯的英文“Sky lanterns”（意为“天灯”）连起来，拼为“Skylanterns”。他把类似的拼法全部收罗起来做成自己产品的关键词，吸引了不少客户。这种做法成功后，他又将其扩大运用到阿拉伯文、日文、韩文、德文等七八种语言中，这些关键词为公司的生意带来不少的惊喜。2008年，他的团队盈利300多万元。在孔明灯的基础上，他继续开发了荷花灯、水灯等工艺灯，产品远销欧洲，填补了许多空白市场，他的创业路越走越开阔。

资料来源：小故事网

问题与思考：

商机无处不在，关键是我们有没有发现机会的慧眼。但是一个好的创业机会应该如何评估呢？

对创业者来说，关键在于如何从众多机会中寻找出真正有价值的创业机会，并采取快速行动来把握机会。在此，介绍几种可用于评价创业机会价值潜力的一般方法，掌握这些方法，有助于打算创业的学生在发现创业机会后花费较少的时间、精力和成本迅速形成对创业机会价值潜力的基本判断。

一般而言，创业机会可以从产品、技术、市场与效益等方面进行评估，采取的方式有定性评价法和定量评价法。由于很多指标无法准确计算，所以创业者更多的是凭借自己的商业敏感抓住几个重要的指标分析，且多为主观判断，而非客观分析。

（一）定性评价法

定性评价法是不采用数学的方法，而是根据评价者对评价对象平时的表现、状态或文献资料的观察和分析，直接对评价对象做出定性结论的价值判断。定性评价强调观察、分析、归纳与描述。

1. 蒂蒙斯的创业机会评价模型

蒂蒙斯总结出一个包含八类分项指标的创业机会评价模型，如表 5-1 所示，涉及行业与市场、经济因素、收获条件、竞争优势、管理团队、创业家的个人标准、理想与现实的战略性差异、致命缺陷等八个方面的 53 项指标。一些风险投资商、政府基金和创业大赛也借用该模型对创业项目进行评价。

表 5-1　蒂蒙斯创业机会评价模型

行业与市场	市场容易识别，可以带来持续收入
	顾客可以接受产品或服务，愿意为此付费
	产品的附加价值高
	产品对市场的影响力大
	将要开发的产品生命长久
	项目所在的行业是新兴行业，竞争不激烈
	市场规模大，销售潜力达到 1 000 万～10 亿美元
	市场成长率在 30%～50%甚至更高
	现有厂商的生产能力几乎完全饱和
	在 5 年内能占据市场的领导地位
	拥有低成本的供货商，具有成本优势

续表

经济因素	达到盈亏平衡点所需要的时间在 1.5～2 年以下
	盈亏平衡点不会逐渐提高
	投资回报率在 25%以上
	项目对资金的要求不是很高，能够获得融资
	销售额的年增长率高于 15%
	有良好的现金流量，能占到销售额的 20%～30%
	能获得持久的毛利，毛利率要达到 40%以上
	能获得持久的税后利润，税后利润率要超过 10%
	资产集中程度低
	运营资金不多，需求量是逐渐增加的
	研究开发工作对资金的要求不高
收获条件	项目带来的附加价值具有较高的战略意义
	存在现有的或可预料的退出方式
	资本市场环境有利，可以实现资本的流动
竞争优势	固定成本和可变成本低
	对成本、价格和销售的控制较高
	已经获得或可以获得对专利所有权的保护
	竞争对手尚未觉醒，竞争较弱
	拥有专利或具有某种独占性
	拥有发展良好的网络关系，容易获得合同
	拥有杰出的关键人员和管理团队
管理团队	创业团队是一个优秀管理者的组合
	行业和技术经验达到了本行业内的最高水平
	管理团队的止直廉洁程度能达到最高水平
	管理团队知道自己缺乏哪方面的知识
创业家的个人标准	个人目标与创业活动相符合
	创业家可以做到在有限的风险下实现成功
	创业家能承受薪水减少等损失
	创业家渴望进行创业这种生活方式，而不只是为了赚大钱
	创业家可以承受适当的风险
	创业家在压力下状态依然良好

续表

理想与现实的战略性差异	理想与现实情况相吻合
	管理团队已经是最好的
	在客户服务管理方面有良好的理念
	所创办的事业顺应时代潮流
	所采取的技术具有突破性，不存在许多替代品或竞争对手
	具备灵活的适应能力，能快速地进行取舍
	始终在寻找新的机会
	定价与市场领导者几乎持平
	能够获得销售渠道，或已经拥有现成的网络
	能够允许失败
致命缺陷	不存在任何致命缺陷

2．刘常勇的创业机会评价框架

我国台湾地区的创业学者刘常勇教授归纳出的创业机会评价基本框架是一种比较简单的评价方法，他认为创业机会评价主要围绕市场和回报两个层面展开。

（1）市场评价：① 是否具有市场定位，专注于具体顾客需求，能为顾客带来新的价值；② 分析创业机会所面临市场的规模大小；③ 评价创业机会的市场渗透力；④ 预测可能取得的市场占有率；⑤ 分析产品成本结构。

（2）回报评价：① 税后利润至少高于 5%；② 达到盈亏平衡的时间应该在 2 年以内，如果超过 3 年还不能实现盈亏平衡，则这样的创业机会是没有价值的；③ 投资回报率应高于 25%；④ 资本需求量较低；⑤ 利率应该高于 40%；⑥ 能否创造新企业在市场上的战略价值；⑦ 资本市场的活跃程度；⑧ 退出和收获回报的难易程度。

（二）定量评价法

定量评价法是通过数学计算得出评价结论的方法，是指按照数量分析方法，从客观量化角度对科学数据资源进行的优选与评价。

1．标准打分矩阵法

标准打分矩阵法是通过选择对创业机会成功有重要影响的因素，并由专家小组对每一个因素按照最好（3 分）、好（2 分）、一般（1 分）三个等级进行打分，最后求出对于每个因素在各个创业机会下的加权平均分，从而可以对不同的创业机会进行比较。表 5-2 中列出了其中 10 项主要的评价因素，在实际使用时可以根据具体情况选择其中的全部或部分因素来进行评价。

表 5-2 标准打分矩阵

标准	专家打分			
	最好（3 分）	好（2 分）	一般（1 分）	加权平均分
易操作性				
质量和易维护性				
市场接受性				
增加资本的能力				
投资回报				
专利权状况				
市场大小				
制造的简单性				
口碑传播潜力				
成长潜力				

2. 温斯丁豪斯法

温斯丁豪斯法实际上是计算和比较各个机会的优先级。其计算公式如下：

$$\text{机会优先级}=\frac{\text{技术成功率}\times\text{商业成功率}\times(\text{价格}-\text{成本})\times\text{投资生命周期收入}}{\text{总成本}}$$

在该公式中，技术成功率和商业成功率以百分比（0～100%）表示；成本以单位产品成本计算；投资生命周期收入是指可以预期的所有收入；总成本是研究、设计、制造和营销等环节的成本之和。对于不同的创业机会，应将具体数值代入计算，特定机会的优先级越高，该机会越有可能成功。

3. 珀泰申米特法

珀泰申米特法是计算创业机会的成功潜力指标。对于每个因素来说，不同选项的得分可以从−2 分到+2 分，通过对所有因素得分的加总得到最后的总分，总分越高，说明特定创业机会成功的潜力越大。只有那些最后得分高于 15 分的创业机会，才值得创业者进行下一步的策划，低于 15 分的都应被淘汰。表 5-3 所示为珀泰申米特法评价表。

表 5-3 珀泰申米特法评价表

评价因素	得分
对于税前投资回报率的贡献	
预期的年销售额	
生命周期中预期的成长阶段	
从创业到消费额高速增长的预期时间	
投资回收期	
获得领先地位的潜力	

续表

评价因素	得分
商业周期的影响	
为产品制定高价的潜力	
进入市场的容易程度	
市场试验的时间范围	
销售人员的要求	
总分	

在实际中，可以将上述评价方法适当综合起来应用，也可以延伸，更加广泛地应用于对创业机会的分析和研究。

把握创业机会的方法

（1）慎重考虑。任何创业都存在着或多或少的风险。所以，在创业之前要慎重考虑，客观评估创业机会，在全面了解外部环境和自身条件的情况下，给自己一个选择的机会，以最大限度避免创业失败的风险。

（2）果断决策。果断是一个人在面对抉择时表现出来的胆识。在处理平常事情的时候一般不需要魄力，但是当商机出现的时候，就得当机立断，充分利用好这个机会，不要错过好的发展机会。

（3）意志坚定。意志坚定是指做事执着、坚持不懈。并非所有的创业机会都能获得成功，但意志坚定的人会将失败当成锻炼自己的机会，并从中吸取教训，总结经验，然后再去寻找下一次的创业机会，直到获得创业成功。

（4）敢于拼搏。有些人喜爱稳定的工作，不愿承受创业的艰辛，即便有好的创业机会出现，也会因为种种理由，如缺乏资金、缺少技术、没有人脉等放弃创业，使机会悄悄从身边溜走。因此，当机会摆在面前时，创业者应不怕困难、敢于拼搏，牢牢把握它。

（5）诚信经营。诚信是获得发展的基础，是产生信赖、达成合作的基础，同时也是人与人、组织与组织、商家与消费者之间保持友好关系，互相推动发展，获得长期共荣的基础。在复杂多变、竞争激烈的社会中，只有诚信，才能使创立的企业持久发展下去。

创新案例及分析

青年学生毕业后开农产品网上超市

上海某学校毕业生张某毕业没几年就开了一家农产品店，继而又开办了“绿悠悠”电子商务网站，该网站称得上是首批蔬菜农作物“网上超市”之一。随后，“绿悠悠”网站引进风险投资，创业前景看好。

张某在校学的是计算机专业。毕业那年，他集结同学中的“电脑高手”组建了学校第一间“设计工作室”，当时就接洽了几宗“大生意”。毕业后，他开了家 IT 公司，从事广告设计。

之后，张某和朋友商定后，想在“网上超市”进行尝试。张某做了一个小型的市场调查，发现在淘宝等电子商务网站上农产品还是个空白点，因为它的网上购物人群还没形成。一般家庭买菜的多以老人为主，他们不是网络购物的主力消费者。于是，张某把创业范围缩小到“有机蔬菜”领域，定位于白领家庭。张某投资 30 万元，在安远路开了间 180 平方米的“绿悠悠”农产品店。

一次市场考察中，江西省某农业局的一位负责人向他介绍：他们那儿的鸡蛋是绿色的壳，蛋清和蛋白更有营养。民间有一种说法更吸引人：土鸡中极少有产绿壳蛋的，母亲都留给最疼爱的孩子和最尊敬的老人食用，因为它能提高小孩免疫力，治疗老人头晕、目眩等疾病。张某听后顿受启发——现在卖东西都是卖商品，我能不能“卖故事”？

回到上海后，张某将店里的几十种商品一一归类，从网上搜集了各商品从产地到用途等的各种信息，编成一个个“产品故事”，教消费者怎样从颜色、大小、形状等细节分辨农产品的好坏。

赋予商品故事和文化后，消费者的认可度马上提高了不少，两个月后销售额就突破了 40 万元。在张某的店里，商品旁边不再是单一的价格标签，还有五颜六色的“故事牌”，方便消费者挑选适合自己的种类。

大学生毕业后选择创业的很多，张某的故事能给我们一些启发，只要我们留心观察生活中被人忽略的细节，勤于思考，就能发现身边的创业机会。他的一句话让人印象深刻：创业，有时是“创新”，有时也是“创心”，心境决定眼界和未来。

探索活动

创业机会探索活动

活动目的：

培养学生发现创业机会的能力。

背景资料：

现在的创业者常常会感叹生不逢时，羡慕20世纪80至90年代的创业者们所面对的大量的市场空白、卖方市场，那时候似乎只要胆子够大、能够找到资金，无论什么项目都能够成功。而当前的市场上，似乎任何领域都有着大量的竞争者，单纯依靠信息、资源稀缺性来实现创业成功的路已越来越窄，但这并不意味着现在已经没有了创业成功的机会。任何时代的创业者都需要有超前的眼光和独辟蹊径的智慧才能走向成功。

活动内容：

仔细观察、认真思考，寻找身边的创业机会。具体操作步骤如下：

3～5人一组，每组通过头脑风暴的方式，以书面形式把所想到的创业机会一一列出。创业机会来源可考虑以下几个方面：① 个人生活经历；② 偶然的发现（日常生活中、旅行中……）；③ 个人兴趣爱好；④ 个人的家庭环境、家庭成员从事的职业及相关的行业背景等；⑤ 国家政策导向；⑥ 产业结构及技术的变革。

活动检测：

活动结束后，教师可根据表5-4进行评分。

表5-4　探索活动评价表

评分标准	分值	实际得分	备注
积极参与活动	20		
列出创业机会（1个4分）	30		
有创意	30		
可操作	20		
总分	100		

能力训练

请大家根据表5-5列出当前社会和政策变化可能带来的商机。

表 5-5　社会和政策变化可能带来的商机

社会和政策变化	商机（一）	商机（二）	商机（三）	商机（四）
“互联网+”时代				
数字电视普及				
产业升级				
旅游业的兴起				
“一带一路”倡议的提出				
食品安全				

第二节　选择创业项目

问题导入

创业者在创业之前必须选择好项目才能进行下一步的创业之路。项目是机会的具体化，是将创意转化为市场所需产品的实际表现。创业机会选好之后，创业者还需要结合自身条件，将创业机会进一步细化到产品上去，选择合适的创业项目。在进行本节的学习之前，先思考以下几个问题：

如何选择创业项目？

（1）如果你要创业，你会如何选择创业项目？

（2）你拥有什么技能或技术？

（3）你能用这些技能或技术抓住商机吗？

一、创业项目选择的基本原则

“潮品”项目带回全球大奖

孙进就读于烟台某学校，所学专业是艺术设计。她根据时下的潮流趋势，创办了专门从事手绘鞋制作和销售的“山东独角戏鞋业”，不仅代表烟台获得了全国创业奖励基金，而且在纽约夺得了全球创业指导基金会全球青年创业大奖。

孙进的创业项目是根据时下年轻人喜爱与众不同的“潮品”而设计的。每一双手绘鞋都是独一无二的创意设计，而这不仅给年轻人带来了独具特色的个性享受，还极大地满足了年轻人不喜欢工厂雷同性设计的心理诉求。正是抓住了年轻人喜欢“标新立异”的特点，孙进的创业才变得可行。

孙进的指导老师认为，孙进之所以能成功创业是因为手绘鞋设计、制作与孙进所学专业相符且是她的个人爱好，这两方面优势使得她更容易把握潮流方向和流行趋势。她设计的手绘鞋既有创意，又符合目前的市场需求。

资料来源：钟宇，《创新创业实践能力训练》，江苏大学出版社，2018.

问题与思考：

你有好的创业项目吗？

（一）知己知彼原则

创业微电影
——《高秋月的创业之路》

大学生选择创业项目，是创造一个切入社会的端口，要找到一个自身与社会结合的契合点，所以创业项目选择要舍得下功夫，要充分调查和论证，做到“知己知彼”。知己，就是要清醒地审视自己的优势与强项、兴趣所在、知识经验积累、性格与心理特征、资源拥有等；知彼，是对社会未来发展趋势的判断，对稳定的、恒久的、潜在的需要的认识。

（二）充分利用自有资源原则

所谓自有资源，就是创业者本人拥有的或自己可以直接控制的资源，包括专有技术、行业从业经验、经营管理能力、个人社会关系、私有物质资产等。相对于其他非自有资产，自有资产的取得和使用成本往往较低，同时这些资源在利用过程中也容易使项目获得标新立异的优势，并在今后的市场竞争中占据主动地位。

（三）项目特色原则

特色是创业项目生命的内在根基，是企业生存下去的条件和站住脚的基石。没有特色，任何创业都会是无根之浮萍。项目特色是扎根在正当的恒久需求之中的真实品质和效用，是吸引、影响、制约社会成员间进行交换的资源，是存在于项目之中的优秀基因，是争夺市场的竞争优势。

林晓是位活泼的兰州女孩，大学毕业后，她到上海一家软件公司做程序设计。每天坐在电脑前与枯燥的程序代码打交道，使她觉得郁闷乏味。她认为都市人的生活节奏越来越快，肯定有不少人和自己一样，渴望为压抑的情绪找个出口，需要发泄，找回珍贵的童心和久违的笑声。于是，林晓决定辞职去创业。

林晓把创业目标锁定在“整人”类玩具上，现在白领们的工作压力大，更应该需要类似的玩具来调节心情。但这类“整人”玩具在市场上并不多见，只是偶尔散见于一些魔术用品商店，何不将这些有趣的玩意儿集中起来，给它们安个家？

后来，林晓和男友拿出仅有的 10 万元积蓄，开始广搜货源。很快，她就搜集到了 50 多种产品。2016 年 5 月 1 日，林晓正式挂牌营业，小店命名为“整人谷”。为了突出“整人谷”的个性，林晓有意营造一种神秘气氛，如在墙壁上挂一些恐怖兮兮、玄奇兮兮的玩具，还专门“请”来一只关在笼子里拼命喊“救命”的流氓兔给自己“看门”。

经过这番“打扮”，小店开张伊始就吸引了不少眼球，客人们听见“噗”的一声，以为有谁在“放屁”，定睛一看，才知道有人不小心坐上了“放屁袋”；只要用手轻轻一拍，一只硕大的黑蜘蛛就会“闻风而动”，不停地在墙上爬啊爬；还有怎么吹也吹不灭的蜡烛……

见“整人谷”经营得十分成功，从 2017 年夏天开始，就有不少上海老板想加盟到林晓旗下，开连锁店；也有不少外地朋友找到她寻求合作，使她的“整人”玩具能“四海为家”。现代人的生活压力越来越大，类似“整人谷”的特色服务能为人们减压，迎合了人们的需求，自然会受到青睐。

资料来源：应届毕业生网

（四）效率优先原则

由于先天条件不足，大学生创业者在创业之前普遍缺乏资金、客户等资源。因此，为尽快脱离创业初始危险期，使项目的运作进入良性循环，在同等条件下，应优先考虑那些短、平、快项目。这样操作，一方面，可以迅速收回投资，降低投资风险；另一方面，即便项目后期成长性不好，创业者也可以选择维持经营或后期主动退出，利用挖掘到的“第一桶金”另寻出路。

创业项目信息的搜集

（1）搜集信息要敏感。信息无时不有、无处不在。对所有人来说，获取或使用信息的机会都是均等的。然而，不同的是，同样的信息，有的人视而不见、听而不闻，置身于信息的海洋之中却不停地埋怨缺乏信息；有的人则能从一鳞半爪的迹象里获得新的创业思路。这主要在于每个人对信息的敏感程度不同。敏感程度高的人善于小中见大、触类旁通、举一反三；敏感程度低的人反应迟钝、见大不见小、心无“灵犀”自然“点”也不通。由此可见，搜集信息首先要提高对信息的敏感程度，而提高敏感程度的关键是要转变观念，同时，不断拓宽知识面，锻炼和提高自己对信息的感知能力。

（2）注意边缘信息的搜集。所谓边缘信息，是指那些表面看起来与创业的具体方面关系不大或没有关系，而实际上却能起间接作用，有时甚至是重大间接作用的信息。这类信息不能用孤立的、静止的眼光去看待，而要把它置于动态发展过程中进行分析。无数的事实告诉我们，许多边缘信息能够对经济发展、对创业过程产生较大影响。所以，在创业准备和创业实践过程中，一刻也不能忽视对边缘信息的搜集和利用，只有这样才能增加创业机会。

（3）拓宽信息搜集的途径。搜集信息是为了开发信息资源，利用信息为创业实践服务，因此搜集信息要坚持“积极开发、为我所用”的原则。在搜集信息时应注意以下四点：一是目的要明确，做到心中有数，有的放矢；二是内容要可靠，要辨别真伪；三是态度要务实，防止传输、计量、反馈等环节出现差错；四是视野要开阔，多方面、多角度、多层次捕捉信息，拓宽信息来源渠道。具体来说，搜集信息的途径一般包括：从互联网中搜集；从新出版的书籍中搜集；从具有权威性的报刊中搜集；从市场中搜集；从广播、电视节目中搜集；从各种集体活动中搜集；从人际交往中搜集。

二、创业项目选择的策略

网络与实体店的有机结合

张小桃，女，某学校财务管理专业的学生。从竞标到开业，从单纯的理想到真实创业，只用了不到一个月的时间，她和朋友创办的“期颐商务网”就已经在学院里流行

开来。为了弥补“期颐”网络虚无的不足，他们还开办了一家实体店，并取名“期颐之音”。经营的商品主要包括个性小家电、数码产品、公仔饰物等，还可以提供各类服务，包括光盘刻录、MP3 录制、相片加工、制作相册等。另外，他们可以为企业、个人设计网站，为年轻一族或毕业生制作有个人风格的求职简历。

资料来源：张钱，《大学生创新创业教育教程》，上海交通大学出版社，2018.

问题与思考：

创业项目应如何选择？

如何验证你的创业构想是否可行？

（一）结合自身的喜好或特长选定创业项目

做自己喜爱或擅长的事情，通常都比较容易做好。结合自身的专业特长，尤其是自己的特长，认真分析市场需求和自身情况而选定创业项目，这样往往能最大限度地激发创业者的创新创业激情。

2017 年 2 月底，在山西某学校旧校门正对面，一家面积达 1 200 平方米、24 小时营业的书店——岛上书店正式开业了。该店是该学校 2016 届毕业生卢某创办的。“书店现有 10 多人，全是‘90 后’。”卢某告诉记者。在实体书店受网络冲击经营困难的当下，大学毕业创办实体书店，乍一听不少人都会质疑。

卢某生于福建省漳州市，从小在农村上学，中学时期几乎都处于叛逆状态。高三那年，一本书意外改变了他的人生轨迹。“那时我骑自行车环游县城，每天学到凌晨 2 点，5 点就又爬起来了。”如此学习半年后，卢某考入大学，并和书结下不解之缘。

大学报到时，别人背的是衣服行李，卢某却背了 54 本大部头书。大学四年，他省吃俭用，走了不少书店，买了 2 680 多本书，是同学们眼中名副其实的“书霸”。他回忆道：“那时候，我疯狂地看书、买书，最多时一天能买 100 多本。有时我妈前脚刚给了我 1 000 元，后脚我就买书了，有时在外地买的书太多带不了，就邮寄回来。”

书太多，宿舍放不下，卢某就放在楼道里让大家一起看。很快，几个爱阅读的年轻人便聚起一个“走廊学派”。大学前三年，每晚 11 时宿舍熄灯后，他们都会拿着小马扎，在楼道里看书，交流读书心得。学校知道他们的情况后，便在食堂地下一层辟出 20 多平方米的地方，让卢某开了个小书吧。

"当时和朋友探讨，能否把公益和盈利结合起来，把这件事做得更好。"大三下学期和大四上学期，卢某开始在学校门口摆摊卖书。"卖了整整 10 个月，每天能卖不少书，都是人文社科类书籍。"卢某说，为了了解市场情况，他还专门跟踪了京东和当当两个月的交易数据：京东每天到学校的包裹有 200 个左右，其中 40～50 个都是图书包裹，当当也基本如此。此外，他还了解到，每年在卓越网的购书量，太原在全国排第五，而且主要是人文社科类书籍。

掌握这些数据后，卢某一毕业便着手创办书店。"选址在学校对面，就是要立足周边学校，面向整个太原，主打人文社科类书籍。"对于书和书店的喜爱与了解，让卢某胸有成竹："书店全部是由我设计的，主体功能区分三块，其中图书区占到60%以上，还有咖啡、花店、活动区等。"

"目前已办过很多场读书会了，我们免费提供场所。"对于岛上书店，卢某有自己的目标："努力做成太原的文化地标，像台湾的诚品、南京的先锋、香港的叶一堂一样，会植入很多太原味道，承载一座城市的记忆。"

资料来源：山西新闻网

（二）基于解决别人困难选定创业项目

创业者应从各种社会困难现象和别人的实际困难问题中，找出目前尚未被满足而又被广泛渴望的需求，即"痛点"，从中发掘出将会产生系列连锁反应的机会。"别人的困难往往就是企业成功的机会。"解决别人的实际困难，或挖掘别人（即潜在目标客户）的"痛点"，可谓是创业最好的出发点和切入点之一，很多创业者或创业团队的起步都是从自己的痛点或身边人的痛点做起的。例如，城市交通拥堵，打车难是痛点，打车软件便应运而生；餐馆多、甄别好坏难是痛点，点评网站便应时而现；一些人不愿意做饭或懒于走动等是痛点，各种做外卖的网站便横空出世，如饿了么、美团外卖等；出门在外或旅行，手机没电而急需用电是痛点，充电宝便破土而出。

（三）分析已有商品存在的问题选定创业项目

市场上销售的商品总会存在这样或那样的问题，如有的样式呆板，有的颜色单一，有的在功能和性能方面不够完善，有的在结构方面不够合理等。创业者经过调查分析，针对这些商品存在的问题，进行改进、完善、提高，以此作为创业项目往往会取得很高的成功率。例如，美国迪士尼乐园的创始人迪士尼，就是针对当时市场上卡通影片存在的问题，通过改进技术创业的。

（四）透视热销商品或社会热点现象背后隐藏的商机选定创业项目

以热销商品或社会热点为导向，认真分析热销商品或社会关注热点现象背后隐藏的商机，即为那些"赶潮"的人们提供创新型商品或服务而选定创业项目进行经营实践。

例如，当看到智能手机热销时，有人分析预测手机背后隐藏的商机：一是手机贴膜，二是手机阅读架，三是手机自拍杆，四是手机充电宝，五是各种手机适用的网络软件和 App。又如，人们旅游热背后的商机——旅游地缘文化商品的开发；网购商品热点现象背后的商机——物流快递等。

（五）基于市场供求差异分析选定创业项目

从宏观上看，任何产品或服务的市场需求总量和市场供给总量之间往往都会存在一定的差距。通过调查分析，若发现某个产品或服务的市场供给不足，就可以从中找到创业机会，选定创业项目。市场需求不仅是多样化的，而且是不断变化的。因此，市场即使有时供求总量平衡，但结构也会出现不平衡，这样就会有需求空隙存在。创业者通过分析供需结构差异，也可以从中发现创业机会，选定创业项目。

（六）利用市场细分选定创业项目

所谓市场细分，就是根据整体市场上顾客需求的差异性，以影响顾客需求和欲望的某些因素为依据，把某种商品的整体市场划分为若干个消费者群的一种市场分类方法。通过市场细分划分出的每个消费者群就是一个子市场，每个子市场都是由具有相同或类似需求倾向的消费者构成的群体。因此，属于同一子市场的消费者对同一商品的需求极为相似，分属不同子市场的消费者对同一商品的需求则存在着明显的差异。因此，进行科学的市场细分有利于发现市场机会，选定目标市场，确定创业项目。

拓展阅读

适合大学生的创业领域

大学生是一个比较特殊的群体，充满激情但缺少社会实践经验，因此并不是每一个创业模式都适合大学生。大学生在进行创业时，需要选择一些具有优势的领域来弥补自身能力的不足，充分发挥自己的潜能，做到学以致用。例如，对于专业较为普通的大学生来说，可以参与中介、加盟代理等；而具有个人特色的艺术设计、广告等专业的大学生，则可以以自由职业者的身份进行创业。适合大学生的创业领域主要有以下几个：

（1）高科技领域。大学生属于高级知识分子人群，经过多年教育并且处于高新科技环绕的环境，在科技领域创业有着独特的优势。但并非所有的大学生都适合在高科技领域创业，一般来说，只有专业技能过硬的大学生才有成功的把握。同时，由于科技发展迅速，大学生还要注意技术的创新，开发具有自己独立意识的产品。

（2）智力服务领域。智力服务行业是智力含量较高的服务业，这正是大学生具有的资本，如常见的信息服务业、中介服务业、咨询服务业、策划服务业、认证服务业、设计服务业、翻译服务业、文学服务业、艺术服务业和婚庆服务业等。

（3）连锁加盟领域。统计数据显示，在相同的经营领域，个人创业的成功率低于20%，而加盟创业的成功率则高达80%。对于创业资源十分有限的大学生来说，最好选择运营时间在5年以上、拥有10家以上加盟店的成熟品牌。

（4）日用小商品产销领域。日用小商品与人们的日常生活息息相关，具有广大的市场和永不没落的特性。这些商品经营方式灵活、投资小，适合大学生创业。比较有影响的日用小商品市场有浙江义乌小商品市场、上海襄阳路小商品市场、武汉汉正街小商品批发市场、湖南邵东工业品市场等。

（5）服务领域。服务领域就是为顾客服务，使顾客生活上得到方便的行业，如饮食业、旅游业、租赁业、理发业、生活日用品修理行业等。这些行业一般都以店面经营为主，可以分为独立开店与加盟连锁两种。

（6）现代农业领域。党的十九大报告明确提出，实施乡村振兴战略，并把“构建现代农业产业体系、生产体系、经营体系”作为乡村振兴战略的主要措施之一。大学生可以在农产品的初加工和深加工及综合利用等方面开展创业活动。

（7）进出口领域。随着中国经济的飞速发展，中国经济和世界经济已经逐渐形成了依存关系。中国拥有巨大的购买市场及出口能力，位于目前世界进出口国家的前列。这个领域适合商务类专业的大学生进行创业。

（8）培训领域。由于经济发展与人们生活工作的需求息息相关，近年来，各种技能培训项目越来越多，并且得到人们的大力支持，如外语培训、电脑培训、IT培训、职业资格证书培训等。因此，各种培训机构也在渐渐兴起，并以低投入和高产出的高额利润吸引着越来越多的创业者。大学生可以充分利用校园资源和师资力量在培训领域进行创业。

（9）设计领域。设计项目对资金的要求不高，适合学艺术、广告、设计等专业的大学生选择创业。常见的设计项目有室内设计、平面设计、工业造型设计、动画设计和IC设计等。

创新案例及分析

红糖馒头：小产品大市场

馒头是我们日常生活中最常见的主食之一，可谁又能想到就是这看似不起眼的主食却蕴藏着无限商机？在云南，罗三长红糖馒头自2015年首家店开业以来，累计共销售红糖馒头7 800万个，单日最高销量60万个，门店共计136家。

在2017年9月17日上午举行的金奖项目四强争夺赛（第三届中国“互联网+”大学生创新创业大赛全国总决赛）上，当大屏幕显示出“罗小馒：云南最火的罗三长红糖馒

头”项目的评委打分结果——732 分、43 个投资意向时，现场响起了一片掌声和欢呼声。

在获得金奖的 30 多个项目中，大多以高科技为主打，而罗三长的项目可谓一股“清流”。“我坚信小产品也有大市场。跟传统的小作坊、夫妻店完全不同，我们更强调互联网产品思维和追求极致的工匠精神，专注生产好吃、营养、放心的新中式系列面食。”说起自己的项目优势，罗三长充满自信。

别看馒头个头小，里面却大有讲究。罗三长红糖馒头选自钙、铁、叶酸含量是普通红糖数倍的云南特级无沙红糖及口感更为筋道的特精面粉。200 余次的配比改良，500 多批次的工艺实验，不断地推倒重来，罗三长红糖馒头终于实现了松软香甜的独家味觉。

单品爆红后，一个规划图在罗三长心里逐渐清晰起来。“红糖馒头要想走向全国，就必须围绕品牌、销售、产品、管理进行全面战略升级。”罗三长说。

如今，红糖馒头推出了以罗三长本人为原型的全新品牌标识“罗小馒”，打造了“LOGO 馒”的系列人物动画、漫画、微信表情等系列形象，统一升级了所有门店、包装物料的视觉标识；与此同时，罗三长尝试开发新品种，推出了针对女性、儿童等人群的细分产品。

本届大赛评委、梧桐高创资本 CEO 蒋楠见证了罗小馒从校赛一路走来。在蒋楠看来，餐饮是个万亿级的传统产业，但随着中国消费水平的升级，有品牌思维、互联网思维的餐饮企业会有更广阔的市场。

“罗三长的馒头不仅有独家工艺，还有逐步走向成熟的品牌包装运营。他打造的呆萌、有趣的品牌人物形象能迎合‘90 后’甚至‘00 后’群体的喜好。更值得一提的是，他的品牌是有故事、有温度的，展现了新时代的大学生自立自强的精神，从而更能打动消费者。”蒋楠说。

为什么“红糖馒头”也能获奖？这说明，小项目也能成就大事业，创新不一定要高科技，只要是“接地气”的创新，有益民生的创新，创新的种子就能生根发芽。

只有脚踏实地，一步一个脚印搞创新，创业才能获得成就感；只有从小项目做起，才能让自己在市场上逐渐站稳脚跟，才能让自己拥有更多的自信和勇气去闯市场的新天地，并让自己的理想变成现实。

寻找创业项目

活动目的：

让学生从自身优势构思创业项目。

活动内容：

自己所学的专业是自己最熟悉的行业，根据该行业的特点、布局、结构，找到创业切入点，寻找创业机会。评估创业机会，以确定创业机会是否具有可行性。然后评估自身条件，确定自己是否有能力来利用这一机会。最后，选取创业项目，优化创业方案。具体实施步骤如下：

（1）教师将学生分组，3～6 人一组，要求学生写出可能存在的创业机会。

（2）进行创业机会评估。

（3）选取创业项目。

（4）运用头脑风暴法优化创业方案。

（5）师生一起评价创业项目，选出具有代表性的创业项目进行创业模拟。

（6）预期成果或收益。

活动检测：

活动结束后，教师可根据表 5-6 进行评分。

表 5-6　探索活动评价表

评分标准	分值	实际得分	备注
能发现创业机会	25		
创业机会评估	25		
创业项目符合市场需求	25		
创业项目风险可控制	25		
总分	100		

能力训练

假如你所在的社区存在以下几个问题，你能否从中发现创业机会并选择适合自己的创业项目？

（1）当地没有令人感到舒服的、可与朋友会面的休闲咖啡店。

（2）当地的餐厅较多，菜品、服务相似，没有特色。

（3）社区服务不健全，离家近的菜店种类少、价格高；离家远的地方虽有个综合性的蔬菜购买市场，种类多、价格低，但坐车需要花费 30 分钟左右。

（4）在当地的商店里，玩具品种比较少，顾客选择的余地不大。

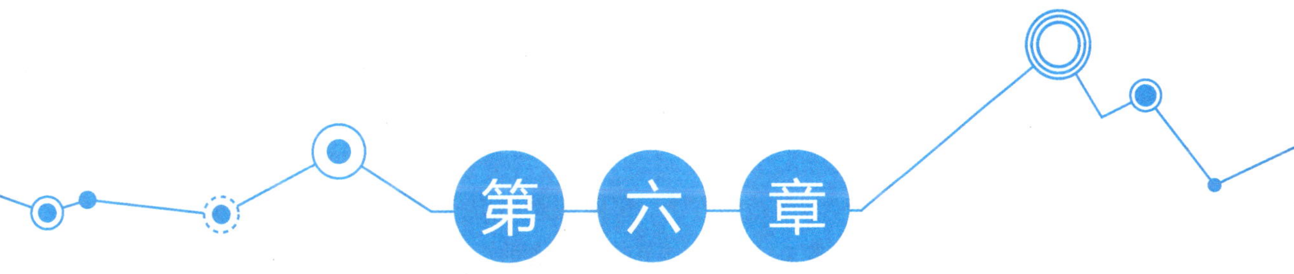

第六章 规避创业风险，获取创业资源

知识目标

- 了解创业风险及创业资源的含义。
- 掌握创业风险的规避内容。
- 理解创业资源的管理范围及要领。

能力目标

- 能初步针对创业过程中的常见风险提出应对措施。
- 能初步进行创业资源的合理获取和整合。

素质目标

- 自觉树立风险意识。
- 自觉培养积极进取的精神及沉着冷静的品质。

第一节　规避创业风险

问题导入

创业有风险，但也有规避和防范的方法。风险规避和防范的第一步就是要正确、全面地识别可能面临的各种潜在风险。在进行本节的学习之前，先思考以下几个问题：

（1）创业有什么风险？

（2）如何才能识别创业风险？

（3）创业者该如何防范创业风险？

一、创业风险的基本知识

女大学生创业一年赔八万

小丁和小崔是大学同学，2016 年两人从沈阳某学校信息管理专业毕业后分别在化妆品公司和化工企业工作。2017 年 10 月，两人双双辞职，感觉婚庆是个朝阳行业，于是不顾家人的反对，向朋友借款 12 万元，联手开了一家婚庆公司。然而她们的事业却一直步履维艰，不仅没有收回投资成本，一年下来还赔了 8 万元。

小丁和小崔都是外地人，在沈阳举目无亲。为了方便事业起步，她们选择以加盟的方式开店，光加盟费就花了 4 万元左右。2017 年 12 月，她们做成第一笔婚礼庆典，虽然到手 5 000 多元，但扣除各种费用，最后还是赔钱了。

现在，扣除各种费用，俩人每月仅剩三四千块钱，但是相对当初投资的高额成本，这点收入只是杯水车薪，远远不能让她们安下心来。婚庆生意为什么做不好呢？面对记者的提问，小丁说，第一，最主要的是店铺选址太偏僻，“蜗居”在公寓里，宣传又没做好，现在知名度也不够；第二，店铺规模档次“高不成、低不就”，而目前沈阳市婚庆公司大大小小几千家，大打价格战，她们没有价格优势。另外，请司仪、请摄像师、租花车等，每次都要支付一定的费用，再扣除场地费，赢利已经很少了；再加上公司推广宣传力度不够，使得婚庆公司生意淡薄。

资料来源：百度文库

问题与思考：

创业仅有激情是不够的，创业机会与创业风险总是相伴而行，什么是创业风险？

（一）创业风险的含义

风险是指在一定环境、一定时间段内，影响决策目标实现的不确定性，或某种损失发生的可能性。发生损失的可能性越大，风险就越高。风险可以用不同结果出现的概率来描述，结果可能是好的，也可能是坏的，坏结果出现的概率越大，风险就越高。

如何看待创业风险？

创业风险是指在创业过程中，由于创业环境的不确定性，创业机会与创业企业的复杂性，创业者、创业团队的能力与实力的有限性，而导致创业活动偏离预期目标的可能性及后果。

创业故事

穆波是个时尚前卫的女孩，正是对自己的独到眼光特别自信，所以在大学毕业后，学外语的穆波没有急着找工作，而是开了个时装店自己当起了老板。20平方米的临街铺面经过精心装修，花钱不多但是很前卫。前三个月辛辛苦苦小赔，半年之后生意开始火爆，直到第九个月房东收回店面要开始自己经营，穆波的老板之旅结束了。说起自己当老板的经历，穆波的脸上没有失败者的颓唐和消极，“如果我的房东不那么狠，也许我的小店会很红火。”穆波也认真地想过自己失败的原因，首先是自己找店铺的时候操之过急，没有认真考虑店铺的位置；第二个致命硬伤就是在租用店铺的时候，没有和房东订立合同，以至于在问题出现时，没有对自己有利的证据；第三就是在出现问题时，没有积极地想对策，而是用一种很消极的方式去解决，最后吃亏的还是自己。

资料来源：百度文库

（二）创业风险的类型

1．按产生原因分

按产生原因不同，创业风险可分为主观创业风险与客观创业风险。

（1）主观创业风险是指在创业阶段，由于创业者的身体与心理素质等主观方面的因素导致创业失败的可能性。

（2）客观创业风险是指在创业阶段，由于市场的变动、政策的变化、竞争对手的出现、创业资金的缺乏等客观因素导致创业失败的可能性。

2. 按影响程度分

按影响程度不同，创业风险可分为系统创业风险与非系统创业风险。

（1）系统创业风险是指源于创业者或创业企业之外的，由创业环境变化带来的风险，如产品市场风险、资本市场风险等，创业者或创业企业无法对其进行控制或施加影响。

（2）非系统创业风险是指源于创业者或创业企业本身的商业活动和财务活动而引发的风险，如团队风险、技术风险、财务风险等，创业者或创业企业可以通过一定的手段对其进行预防和分散。

3. 按内容分

按内容不同，创业风险可分为机会选择风险、环境风险、人力资源风险、技术风险、市场风险、管理风险与财务风险等。

（1）机会选择风险是指创业者由于选择创业而放弃自己原先所从事的职业，进而丧失的潜在晋升或发展机会的风险。

（2）环境风险是指由于创业活动所处的社会、政治、经济、法律环境等变化，或由于意外灾害导致创业者或创业企业蒙受损失的可能性。例如，国际关系变化或有关国家政权更迭、政策改变，宏观经济环境发生大幅度波动或调整，法律法规的修改，或者创业相关事项得不到政策许可，合作者违反契约等。

（3）人力资源风险是指由于人的因素对创业活动的开展产生不良影响或偏离经营目标的潜在可能性。创业者自身的素质和能力有限、创业团队成员的知识和技能水平不匹配、管理过程中用人不当、关键员工离职等因素都是人力资源风险的主要诱因。

（4）技术风险是指由于技术方面的因素及其变化的不确定性而导致创业失败的可能性。技术成功的不确定性，技术前景、技术寿命、技术效果的不确定性，技术成果转化的不确定性等，都会带来技术风险。

（5）市场风险是指由于市场情况的不确定性导致创业者或创业企业损失的可能性。市场风险包括产品市场风险和资本市场风险两大类。市场供给和需求的变化、市场接受时间的不确定性、市场价格变化、市场战略失误等原因都会给创业活动带来一定的市场风险。

（6）管理风险是指管理运作过程中因信息不对称、管理不善、判断失误等影响管理水平而形成的风险。管理风险可能由管理者素质低下、缺乏诚信，权力分配不合理，不规范的家族式管理或决策失误等引起。

（7）财务风险是指创业者或创业企业在理财活动中存在的风险。对创业所需资金估计不足，难以及时筹措创业资金，创业企业财务结构不合理、融资不当、现金流管理不力等可能会使创业企业丧失偿债能力，导致预期收益下降，形成一定的财务风险。

4. 按创业与市场和技术的关系分

按创业与市场和技术的关系不同，创业风险可分为改良型风险、杠杆型风险、跨越型风险与激进型风险。

（1）改良型风险是指利用现有的市场和技术进行创业所存在的风险。这种创业风险最低，经济回报有限，即风险虽低，但要想生存和发展，获取较高的经济回报也比较困难。主要是因为：一方面，会遭遇已有市场竞争者的排斥或进入壁垒的限制；另一方面，即便进入，想要占有一定的市场份额也非常困难。

（2）杠杆型风险是指利用新的市场、现有的技术进行创业所存在的风险。这种创业风险稍高，对一个全球性公司来说，这种风险往往是地理上的，常见于挖掘未开辟的市场。

（3）跨越型风险是指利用现有的市场、新的技术进行创业所存在的风险。这种创业风险稍高，主要体现在创新技术的应用方面，往往反映了技术的替代，常见于企业的二次创业，领先者可获得一定的竞争优势，但模仿者很快就会跟上。

（4）激进型风险是指利用新的市场和技术进行创业所存在的风险。这种创业风险最高，如果市场很大，可能会带来巨大的机会，对于第一个行动者而言，其优势在于竞争风险较低，但是知识产权保护力度很弱，市场需求不确定，确定产品性能有很大的风险。

风险识别

风险识别是指在风险事件发生之前，风险管理人员在搜集资料和调查研究的基础上，运用各种方法对尚未发生的潜在风险进行系统归类和全面识别。其任务是查明各种不确定性因素和风险来源，预估各种风险事件的可能后果，确定哪些因素对创业构成威胁，哪些因素可能带来机会，为风险管理做好准备。风险识别的具体方法主要有以下几种：

（1）业务流程法。以业务流程图的方式，将企业经营的全过程按其内在的逻辑关系制成流程图，针对流程中的关键环节和薄弱环节进行调查分析，找出可能存在的风险，并分析该风险存在的原因和可能造成的损失。

（2）咨询法。委托咨询公司或保险代理人对公司进行风险调查和识别，并提出风险管理方案，供经营决策者参考。

（3）现场观察法。通过直接观察企业的各种生产经营设施和具体业务活动，具体了解和掌握企业面临的各种风险。

（4）财务报表法。通过分析资产负债表、损益表和现金流量表等报表中的每一个会计项目，确定某一特定企业在何种情况下会有什么样的潜在损失及其成因。由于每个企业的经营活动最终都要涉及商品和资金，所以这种方法比较直观、客观和准确。

二、创业风险的规避

本田公司的“缺陷车事件”

20 世纪 70 年代，日本本田公司发生过一次严重危机，这就是著名的“缺陷车事件”。当时的本田公司刚挤入小轿车市场，在几家实力雄厚的大企业夹缝中生存。然而，本田公司刚打开销路的“N360”型小轿车出现严重的质量问题，造成了上百起人身伤亡事故，受害者及家属组成联盟以示抗议，本田公司一下子声名狼藉，企业生存岌岌可危。可贵的是，本田公司并未在舆论的重压下乱了阵脚，而是立即决定，马上举行记者招待会，通过新闻媒介向社会认错，总经理道歉之后引咎辞职。同时宣布收回所有“N360”型轿车，并向顾客赔偿全部损失。他们还重金聘请消费者担任本田的质量监督员，经常请记者到企业参观访问，接受舆论监督。本田公司的诚心打动了挑剔的顾客，在公众心中树立起了“信得过”的形象。

资料来源：周杰，《大学生创新创业基础教程》，上海交通大学出版社，2018.

问题与思考：

创业者该如何规避创业风险？

（一）系统风险的规避

1. 谨慎分析

如何防范创业风险？

创业者应对其所处的创业环境进行深入了解、谨慎分析。目前，我国正在实施更加积极的就业政策，鼓励创业，在自主创业税费减免、小额担保贷款、创业地落户及场地、项目、技术、培训等方面，为大学生创业提供了一揽子优惠和鼓励政策，创造了更为宽松的创业环境。创业者首先应对创业环境进行正确的了解和认识，对创业环境进行合理评估，通过层层细化、逐级分析来熟悉创业的宏观环境和微观环境，以求准确深入地认识创业过程中可能遇到的系统风险。

2. 正确预测

创业风险中，有些是可以预测的，有些是不可预测的。创业者应尽可能运用所学知识

和所掌握的资源，采用科学的方法对那些能够预测的风险进行深入分析，通过和团队成员探讨、请教外部专家等方法来预测创业环境的可能变化，以及变化会给创业企业带来的影响，尽量对创业的系统风险做到心中有数，以便制定相应的应对策略。

3．合理应对

由于系统风险的不可分散性，创业者只能通过谨慎分析和正确预测来制定合理的应对措施，巧妙规避并尽可能降低系统风险的发生对创业者自身或创业企业的不利影响。例如，预测到市场利率上升则尽量筹集长期资金，预测到未来经济低迷则尽可能持有较多现金等。

（二）非系统风险的规避

1．机会选择风险的防范

机会选择风险是一种潜在风险，是由于选择创业失去其他发展机会所可能丧失的最大收益。因此，创业者在创业准备之初就应该对创业的风险和收益进行全面权衡，将创业目标和目前的职业收益进行比较，结合当下的创业环境、自己的职业生涯规划进行权衡分析。

如果你认为创业时机已经成熟，刚好有一个绝佳的创业机会可以转化为创业项目，而且该项目又可以和自己的职业生涯规划相吻合，就要下定决心，立即着手创业；否则就不要急于创业，而是先就业或者继续从事目前的工作，边工作边认真观察，学习所在公司各层领导的工作方法和技巧，并用心学习所在公司开拓市场的技巧，同时学会利用自己的工作机会建立良好的关系网络，待时机成熟再开始创业。

2．人力资源风险的防范

人力资源是创业活动中的重要资源，由此产生的风险对创业企业来说往往是致命的，所以一定要予以充分关注。首先，创业者应不断充实自己，持续提高个人素质，使自己的知识和能力与创业活动相匹配；其次，通过沟通、协调、激励、奖惩、评价、目标设定等多种手段管理团队，并在创业团队发展的不同阶段确定相应的管理内容，科学合理地对成员进行绩效评价；最后，招聘那些具有良好职业道德和团队合作意识、拥有与岗位相匹配技能的员工，通过在合同中明确权利义务关系和适当授权，以及通畅的人力资源管理系统，使对关键员工的工作管理与非工作管理能够有效结合。

3．技术风险的防范

技术创新能够给创业者带来丰厚的回报，但掌控不好也可能会使创业者颗粒无收。因此，创业者一定要注意技术风险的防范，主要包括：

（1）加强对技术创新方案的可行性论证，减少技术开发与技术选择的盲目性，并通过建立灵敏的信息预警系统，及时预防技术风险。

（2）通过组建技术联合开发体或建立创新联盟等方式减少技术风险发生的可能性。

（3）提高创业企业技术系统的活力。

（4）高度重视专利申请、技术标准申请等保护性措施的采用，通过法律手段减少损失出现的可能性。

4. 财务风险的防范

筹资困难和资本结构不合理是很多创业企业明显的财务特征和主要的财务风险来源，有效规避财务风险要求做到以下几点：

（1）创业者要对创业所需资金进行合理估计，避免筹资不足影响企业的健康成长和后续发展。

（2）要学会建立和经营创业者自身和创业企业的信用，提高获得资金的概率。

（3）创业者或团队一定要学会在企业的长远发展和目前利益之间进行权衡，设置合理的财务结构，从恰当的渠道获得资金。

（4）管理创业企业的现金流，避免现金断流带来的财务拮据甚至破产清算的局面。

股神巴菲特是一个善于规避风险的高手：1956 年，26 岁的巴菲特靠亲朋凑来的 10 万美元白手起家；52 年后，巴菲特的身价已位居全球首位。今天看来，巴菲特的故事无异于神话。但仔细分析巴菲特的成长历程会发现，他并非那种善于制造轰动效应的人，而更像一个脚踏实地的平凡人。

在巴菲特的投资名言中，最著名的无疑是："成功的秘诀有三条：第一，尽量避免风险，保住本金；第二，尽量避免风险，保住本金；第三，坚决牢记第一、第二条。"为了保证资金安全，巴菲特总是在市场最亢奋、投资人最贪婪的时刻保持清醒的头脑而急流勇退。1968年5月，当美国股市一片狂热的时候，巴菲特却认为再也找不到有投资价值的股票了，他由此卖出了几乎所有的股票并解散了公司。结果在 1969 年 6 月，股市大跌，渐渐演变成了股灾，到 1970 年 5 月，每种股票都比上年初下降了 50%，甚至更多。

巴菲特的稳健投资，绝不干"没有把握的事情"的策略使他逃过一次次股灾，也使他能在机会来临时资本迅速增值。

资料来源：豆丁网

5. 管理风险的防范

通过提高管理者的素质，改变管理和决策方式，可以有效应对创业企业的管理风险。具体来说，可以采取以下措施：

（1）努力提高核心创业成员的素质，树立其诚信意识和市场经济观念，并以此为基础搞好领导层的自身建设，建立能够适应企业不同发展阶段变革的组织机构。

（2）实行民主决策与集权管理的统一，合理分配企业的执行权，避免不规范的家族式管理影响创业企业的发展。

（3）明确决策目标，完善决策机制，减少决策失误。

创业者风险承担能力的估计

创业者风险承担能力是指创业者所能承受的最大风险。创业者在进行风险识别的过程中，不但要确定其决定接受的风险程度，还要对其实际能承受风险的程度进行评估，以采取合理的风险管理方法，减少创业过程中的不确定性。影响创业者风险承担能力的因素主要有以下四个方面：

（1）特定时间段所要承担的风险。从创意到商业构想，再到创业企业的建立，不同阶段的创业风险大小会有所不同。一般来说，随着时间的推移和创业活动的深入，创业者面临的风险会逐渐增大。创业者首先要能够根据风险来源及其对创业活动的影响程度，估计处在不同时间段可能要承受的总风险。

（2）可用于承担风险的资金。一般来说，创业者的年龄和家庭状况会对创业者用于承担风险的资金有所影响。刚毕业的大学生因为很少有创业资金的积累，其用于承担风险的资金较少；同样，家庭比较拮据的创业者会更多考虑到家庭基本生活对资金的需求，以及较少的家庭支持等，其用于承担风险的资金一般也会较少。正常情况下，用于承担风险的资金数量和创业者的风险承担能力呈正相关关系。

（3）从其他渠道取得收入的能力。从其他渠道取得收入的能力越强，创业失败对创业者的情绪和生活水平的影响就越小，创业者能够用来偿还创业失败所引致的债务的能力就越强（采用公司制作为企业法律形式的创业活动除外，因为公司制企业是有限责任，只以创业者投入企业的资金为限对公司债务承担责任），其风险承担能力也就越强。因此，从其他渠道取得收入的能力和创业者的风险承担能力也呈正相关关系。

（4）危机管理能力。创业者的危机管理能力会影响到创业风险发生时所采取的风险抑制措施的效果，从而影响到损失的大小。危机管理能力越强，风险因素导致风险事件发生并进而可能形成风险损失时，创业者就越能及时采取有效的风险防范措施对损失状况进行抑制，避免损失的进一步扩大，减少损失所产生的危害。所以，创业者的危机管理能力越强，其风险承担能力就越强，两者也呈正相关关系。

创新案例及分析

出师未捷　欠债百万

还没有毕业就负债近百万？上海市第二中级人民法院对上海某校学生秦坚民（化名）下达了一纸判决书，秦坚民将负连带赔偿责任，赔偿 95 万元。近百万的债务就这样板上钉钉地摆在他的面前。据悉，这是近年来学生创业遭遇的最严重的挫折之一。

两年多前，秦坚民还是一名在校的学生。他想为就业积累经验，便四处寻找实践机会。当时恰逢联通公司的 CDMA 正在扩张时期。当时联通公司与上海美天通信工程设备公司签订了销售代理协议，将以直销方式在校园发展用户。每台手机 700 元的补贴款和不菲的酬金让秦坚民动心了。获取这一信息后，他决定要尝试一下。他根据要求找到了上海想云科技咨询有限公司与美天公司签协议，在高校师生中发展 CDMA 客户。

为尽快拓展校园市场，秦坚民还邀请了同学做他的助手，开始了他第一次的创业经历。吸引他成为校园代理的重要原因，就是联通公司提供的优厚条件。根据双方签订的《CDMA 校园卡集团用户销售协议书》，秦坚民可以以优惠的价格向大学校园内的客户销售 CDMA 手机，要求客户购买联通公司 UIM 卡入 CDMA 网，并至少使用两年。而作为报酬，秦坚民每发展一个客户，根据不同的业务种类，可以获得手机补贴费、业务酬金等，收入不菲。

高额回报和急于求成的心理让秦坚民忽略了合同中的一个细节。合同规定，所发展的用户必须凭学生证、教师证原件和复印件才能购买这个 CDMA 的手机套餐业务，而外地生源的学生还必须有学校的担保。也就是说，严格的身份认证是联通公司这笔业务成功的关键，一旦发现有恶意登记的“黑户”存在，秦坚民就需要负责任。

学生们似乎都对这个问题并不在意。秦坚民和他的助手们在自己的学校里以直销形式发展客户，生意出奇地好。一开始，他们还像模像样地查看、登记学生证和教师证，但是后来这道程序就成了摆设。很多社会上的人得知校园里有便宜手机卖，便趋之若鹜。他们中的一部分人别有居心地拿来各种假的身份证件，秦坚民和助手们却无暇审查身份，于是就埋下了祸根。

仅仅两个月的时间里，秦坚民就发展了 4 000 多个客户，而其中有 1 000 多个客户是冒牌“校园客户”，他们中有无主户、不良用户和虚假用户 440 多户，他们大肆恶意拖欠话费，有的话费异常。上海联通公司无法通过身份登记寻找到这些客户，损失百万余元，因此将秦坚民告上了法庭。于是秦坚民还没有踏上工作岗位，便亏欠近百万元。

《上海商报》郁先生指出，在市场经济体制下，任何一单生意、任何一项经济活动都含有风险，都会有成功的希望和失败的可能。其成败取决于该项活动、生意责任人的事先判断、谨慎周到的运营、灵活应变的决断，还包括一些不可预测的因素。在公正公平的市场法则下，不论结果如何，都要由责任人来承担，这是市场经济所要求的。秦坚民的教训值得大学生关注。

面对诚信缺失、经营行为不规范及存在坑蒙拐骗现象的市场环境，涉世未深的大学生因缺乏社会经验、工作经验和依法自我保护的能力，难免会遭遇各种挫折。这就要求

青年学生克服浮躁、盲目、急功近利的心态，通过自身的努力去增强防范风险和适应社会的能力，防止上当受骗。

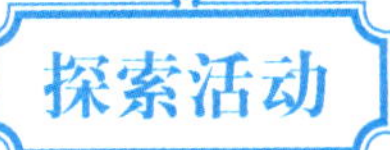

探索活动

加盟户外运动品牌的风险探索

活动目的：

让学生能进行风险评估；能针对企业存在的风险找出有效的应对方法。

活动内容：

随着户外运动的兴起，新兴户外运动品牌如雨后春笋，许多传统运动服装企业也嗅到了商机，纷纷开发出户外系列服装。选择一个你喜欢的户外运动品牌，如果通过加盟该品牌的方式进行创业，需要注意哪些风险？应采取哪些防范措施？

提示：主要对加盟前、加盟过程中和加盟后的风险进行评估。

具体操作步骤如下：

（1）教师对学生进行分组，3～5 人为一组，选出一个小组负责人。

（2）小组成员就上述资料中提出的问题进行讨论，写一份约 600 字的分析报告。

（3）小组负责人上台汇报讨论的结果。

活动检测：

活动结束后，教师可根据表 6-1 进行评分。

表 6-1　探索活动评价表

评分标准	分值	实际得分	备注
能识别出不同阶段的风险	25		
能针对各种风险提出应对措施	25		
风险识别准确，措施合理有效	25		
能积极参与讨论、发表见解	25		
总分	100		

能力训练

不管在什么行业创业都存在风险。这些风险从开始创业时就潜伏在创业者的身边，有的创业者能很好地预测风险，巧妙地避开，但有些风险却不易察觉。在创业过程中，一般会存在资金风险、竞争风险、技术风险、市场风险和团队风险。除了上述风险外，还存在其他风险吗？请同学们运用头脑风暴法，想出其他可能存在的创业风险，并指出你认为的最大风险是什么，该如何规避。

请同学们3～6人一组，就上述问题展开讨论，并记录讨论结果。讨论结束后，每组选一个代表说一说讨论结果，然后由师生一起评比出观点最合理、方法最实用的小组。

第二节　获取创业资源

问题导入

创业就是把创业机会与创业资源的获取及整合相结合的活动，创业资源的获取和整合伴随着整个创业过程。对于大多数创业企业来说，创业资源在未整合之前，多是零散的，因此，创业者需要整合各种创业资源，以使它们发挥最大的价值。在进行本节的学习之前，先思考以下几个问题：

（1）创业资源包括哪些内容？

（2）怎样合理有效地整合人力、技术、行业等资源？

一、创业资源的基本知识

一下科技的成功

2011年8月，一下科技有限公司在北京成立。2013年上线“秒拍”，成为微博官方独家短视频应用，2014年秒拍借由“冰桶挑战”奠定江湖地位。2015年推出对口型视频应用“小咖秀”，2016年5月上线直播应用“一直播”。截至目前，秒拍和小咖秀日播放量峰值已经突破25亿次，日均上传量突破150万，日覆盖用户超过7 000万。

一下科技有限公司定位于移动短视频娱乐分享应用和移动视频技术服务提供商，依托大量明星资源、社交资源，通过包括秒拍、小咖秀、一直播的产品生态矩阵，成为头部和长尾视频内容的原产地和集散地。其不仅拥有秒拍、小咖秀、一直播这三大平台，同时还与微博数据打通，共享了国内最大的社交媒体平台。一下科技爆发式成长的原因主要有：

（1）抓机会建立产品矩阵组合。一下科技抓住了移动视频爆发的风口，旗下产品——秒拍、小咖秀、一直播等基本都是踩准了移动视频的发展步伐，有着非常强的连贯性和关联性，形成了良好的协同效应。

（2）跨界整合资源。一下科技拥有大量明星资源，以明星经济的高能运营，搭建了明星和泛娱乐不可替代的行业壁垒。此外，一下科技还与新浪微博深度绑定，为微博创造了含视频创作、分发、互动、社交的一站式服务场景，实现了与微博数据打通，共享了国内最大的社交媒体平台。

（3）技术优势。一下科技的核心团队拥有近10年的视频创业经验，打造了面向开发者的工具 Vitamio。

资料来源：搜狐网

问题与思考：

创业资源是什么？哪些资源可以作为创业资源供创业者使用？

（一）创业资源的含义

创业资源是指新创企业在创造价值的过程中需要的特定的资产，包括有形资产与无形资产。

对于创业者来说，只要是对其创业项目和创业企业的发展有所帮助的要素，都可以归入创业资源的范畴。创业者既要积累个人资源，也要善于创造性地整合社会资源，以创造有利于创业的良好条件。

（二）创业资源的类型

按性质不同，创业资源可分为人力资源、财务资源、物质资源、技术资源、品牌资源与组织资源。

1. 人力资源

人力资源不仅包括创业者及创业团队的知识、技能和经验等，也包括团队成员的智慧、判断力、视野和愿景，甚至创业者本身的人际关系网络。创业者是创业企业最重要的人力资源，其价值观念和信念是创业企业的基石，其所拥有的人际和社会关系网络使企业能够接触到大量的外部资源。鉴于企业之间的竞争主要是人才之间的竞争，高素质人才的获取和开发便成为创业企业可持续发展的关键因素。据调查，之前合作过的团队成员，创业成功的概率要大于首次合作的团队成员。在校大学生可以通过学校提供的一系列创新创业训练项目，组建自己的团队，这样真正创业的时候才能建立一个值得信赖的人力资源团队。

2. 财务资源

财务资源主要是指资金资源，通常是指创业者向债权人、权益投资者筹集的资金。一般来说，创业初期及时筹集到足额的财务资源，是企业成功创办和顺利经营的前提条件。筹集创业资金的方式包括自筹资金、银行商业贷款、风险投资、政策支持等。

20世纪50年代，正在纽约读大学的尤伯罗斯回到了位于伊利诺伊州的家乡，当时他的父亲正在一条交通要道旁建造房子，但因为资金估算不准确，房子建了一半就没钱了。“等攒够了钱再继续施工。”他的父亲无奈地说。尤伯罗斯里里外外地仔细看了看后说：“虽然我们自己没钱了，但是可以用别人的钱来盖这栋房子。”“你是说去借？不行，能借到的在之前都借过了。”父亲显得很沮丧。“不用去借。”尤伯罗斯到镇上的影楼里叫来一位摄影师，为自己家没盖好的房子拍了几张照片，然后拿着这些照片跑到城里找到一些企业主。他对那些企业主说：“这幢房子是一个非常好的广告位置，我准备用来出租！”

因为这幢房子地处交通要道的旁边，企业主们都认为房顶和墙壁是广告宣传的理想位置，于是大家纷纷出高价竞争。几天后，出价最高的两家企业分别获得了尤伯罗斯家的房顶和墙壁商品广告宣传使用权。一年一万美元的收入，不仅让他家的房子顺利盖完，而且还让他家每年有了一笔稳定的收入。

资料来源：360个人图书馆网

3. 物质资源

物质资源是创业企业经营所需要的有形资源，如建筑物、设施、机器和办公设备、原材料等。一些自然资源（如矿山、森林等）有时也会成为创业企业的物质资源。

4. 技术资源

技术资源包括关键技术、制造流程、作业系统、专用生产设备等。技术资源大多与物质资源相结合，可以通过法律手段予以保护，部分技术资源还会形成企业的无形资产。在组建创业团队时，也要注意选择技术能力互补的人员，从而集思广益，形成互补和协同的效应。

5. 品牌资源

品牌是一个名称、名词、符号或设计，或是它们的组合，其作用是标识某个产品或服务，并使之与竞争对手的产品和服务区别开来。

6. 组织资源

组织资源一般是指企业的正式管理系统，包括企业的组织结构、作业流程、工作规范、信息沟通、决策体系、质量系统，以及正式或非正式的计划活动等，有时候组织资源也可以表现为个人的技能或能力。其中，组织结构是一种能够使组织区别于竞争对手的无形资源。

（三）获取创业资源的途径

获取创业资源的途径分为市场途径和非市场途径两大类。当创业所需要的资源有活跃的市场，或者有类似的可比资源进行交易时，可以采用市场途径；其他情况下则可以采用非市场途径。

1. 通过市场途径获取创业资源

通过市场途径获取创业资源包括购买和联盟两种。

（1）购买是指利用财务资源通过市场购入的方式获取外部资源，主要包括购买厂房、设备等物质资源，购买专利和技术，聘请有经验的员工及通过外部融资获取资金等。需要注意的是，诸如知识，尤其是隐性知识等资源虽然可能会附着在非知识资源之上，通过购买物质资源（如机器设备等）得到，但很难通过市场直接购买。因此，需要创业企业通过非市场途径去开发或积累。

（2）联盟是指通过联合其他组织，对一些难以或无法自己开发的资源实行共同开发。但联盟的前提是联盟双方的资源和能力互补且有共同的利益，而且能够对资源的价值及其使用达成共识。

2. 通过非市场途径获取创业资源

通过非市场途径获取创业资源包括资源吸引和资源积累等。

（1）资源吸引是指发挥无形资源的杠杆作用，利用创业企业的商业计划和创业团队的声誉，通过对创业前景的描述来获得或吸引物质资源、技术资源、人力资源和资金等。

（2）资源积累是指利用现有资源在企业内部通过培育形成所需的资源，主要包括自建企业的厂房、设备，在企业内部开发新技术，通过培训来增加员工的技能和知识，通过企业的自我积累获取资金等。

创业资源与一般商业资源的异同

创业资源是商业资源，但不是所有的商业资源都是创业资源，只有创业者可以利用的资源才是创业资源。例如，一座无人开采的价值巨大的矿山是一种商业资源，但该矿山不一定是创业资源，因为创业活动多数具有轻资产、小团队的特征，创业者一般没有能力通过开发一座价值连城的矿山而开始创业。

从现代管理学的角度来看，企业的经营与管理既离不开创业资源，也离不开一般商业资源，两者之间紧密相连、密不可分，既有联系，又有区别。创业资源和一般商业资源共同促进企业的发展，二者都包括人力资源、知识资源、资金资源、信息资源、市场资源及人脉资源等方面。不同之处主要在于:

（1）创业企业更加注重创业资源中的人力资源，孤家寡人是很难成就一番事业的。创业者必须具备爱惜人才的理念、重视人才的观念、宽容人才的肚量、举荐人才的美德、识别人才的慧眼、驾驭人才的能力和保护人才的魄力。

（2）创业资源是新创企业成立和运营的必要条件，主要表现在创业人才、创业资金、创业机会、创业技术和创业管理等方面，更加强调资源的创新性。而一般商业资源强调的是成长期企业经营和发展的必要条件，更加强调的是资源的稳定性和持续性。

（3）对于新创企业而言，创业资源比一般商业资源更为重要。创业资源是引导和配置一般商业资源的前提和基础，是建立在一般商业资源诸要素基础上的新资源。

二、创业资源的管理

空手变出油轮的图德拉

委内瑞拉有个名叫图德拉的工程师，他一无关系，二无资金，居然想做石油生意，而且居然做得很成功，他是怎样做的呢？当时，图德拉了解到阿根廷牛肉生产过剩，但石油制品比较紧缺，他就来到阿根廷，同有关贸易公司洽谈业务。

“我愿意购买 2 000 万美元的牛肉。”图德拉说，“条件是，你们向我购进 2 000 万美元的丁烷。”因为图德拉知道阿根廷正需要 2 000 万美元的丁烷。正是投其所好，双方的买卖很顺利地确定了下来。

接着，图德拉又来到西班牙，对一个造船厂提出条件说：“我愿意向贵厂订购一艘 2 000 万美元的超级油轮。”那家造船厂正为没有人订货而发愁，当然非常欢迎。图德拉话头一转：“条件是，你们购买我 2 000 万美元的阿根廷牛肉。”牛肉是西班牙居民的日常消费品，况且阿根廷正是世界各地牛肉的主要供应基地，造船厂何乐而不为呢？于是双方签订了一项买卖意向书。

然后，图德拉又到中东地区找到一家石油公司提出条件说：“我愿意购买 2 000 万美元的丁烷。”石油公司见有大笔生意可做，当然非常愿意。图德拉话锋又一转：“条件是你们的石油必须包租我在西班牙建造的超级油轮运输。”

在中东石油产地，石油的价格是比较低廉的，贵就贵在运输费上，难也就难在找不到运输工具，所以石油公司也满口答应，彼此又签订了一份意向书。

由于图德拉的周旋，阿根廷、西班牙和中东国家都取得了自己需要的东西，又出售了自己亟待销售的产品，图德拉也从中获取了巨额利润。细细算起来，这项利润实质上

是以运输费顶替了油轮的造价。三笔生意全部完成后，这艘油轮就归他所有了。有了油轮就可以做大石油生意，图德拉终于梦想成真了。

资料来源：叶敏，《大学生创新创业教程》，上海交通大学出版社，2016.

问题与思考：

你能从这则故事中受到什么启发？

（一）创业资源的整合

创业者需要整合的资源包括人力资源、信息资源、财务资源、技术资源和行业资源等。

1. 人力资源

人才是创新之源，是企业最核心的竞争力，现代企业的竞争，归根结底是人才的竞争。但要吸引、留住人才，必须在尊重人才上下功夫。企业应根据自身发展，建立一套人力资源规划体系。就大学生创业而言，创业之初要不断累积自己各方面的知识，特别是人力资源管理知识，这样才能真正地整合人力资源，具体做法包括：

（1）建立完善的企业薪酬制度，以吸引和激励人才。

（2）建立培训机制，使人才在企业里发挥最大的潜能。

（3）善待员工，让员工有一种家的感觉。这种善待不仅是指精神上给予人才的满足，也要配以物质利益。

（4）量才而用，将适合的人安排在最合适的岗位上。

（5）分工尽可能明确，划分各部门的职责范围，各部门的业务最好不要出现交叉。

2. 信息资源

当今社会，信息资源对很多创业者来说相当于成功的机遇，创业者应当像管理其他创业资源一样管理信息资源并加以整合。创业者在做决策时，要综合考虑竞争对手、政府、行业、合作伙伴、客户等方面的信息，才能做到有的放矢，抓住成功的机遇。大学生创业之初可以借鉴相关企业的创业模式，在此基础上进行整合创新，进行市场调查时也可以直接运用现有的调查问卷等，以减少搜集信息的成本和工序。

对于信息资源，既要开发与整合好外部信息资源，抓住好的机遇，又要管理好内部信息资源，做好信息资源的规划。

3. 财务资源

创业离不开资金的支持。创业者除了要合理评估和利用自身的财务资源外，还要学会通过不同的渠道筹集资金。需要注意的是，创业者在接受外部投资时，要对投资者的基本情况（如资质情况、业绩情况等）进行全面掌握，再根据企业的实际情况在众多投资者中进行选择。大学生要依托自身优势，多了解政府、银行、风投公司对大学生创新创业的政策支持和帮扶，合理进行创业资金的筹集和融资。

4. 技术资源

在创业初期，技术是最关键的资源，是决定创业产品市场竞争力和获利能力的根本因素。企业成功的核心是要有好的产品，而好的产品必须做到专业化，这就需要有技术资源的支持。要将产品在同一领域内做到最专业，技术上一定要领先。若企业没有实力一直保持这样的技术优势，则可以整合企业之外的技术资源，如与科研院所、各类院校合作或与拥有领先技术的公司合作等。

5. 行业资源

企业要充分了解本行业，掌握该行业的各种关系网，如竞争对手、供货商、经销商、客户、行业协会、行业展会等。同时，企业还要注重整合行业内竞争对手的资源，把竞争对手转化为合作伙伴。例如，同行之间或者产业上、下游之间的创业企业可以通过策略联盟等方式整合资源，在人力资源、研发能力、市场渠道和客户资源等方面实现优势互补。

企业要想发展、壮大，就应该尽可能整合各种资源，并采取各种合法手段积极务实地做好自己的这份事业。

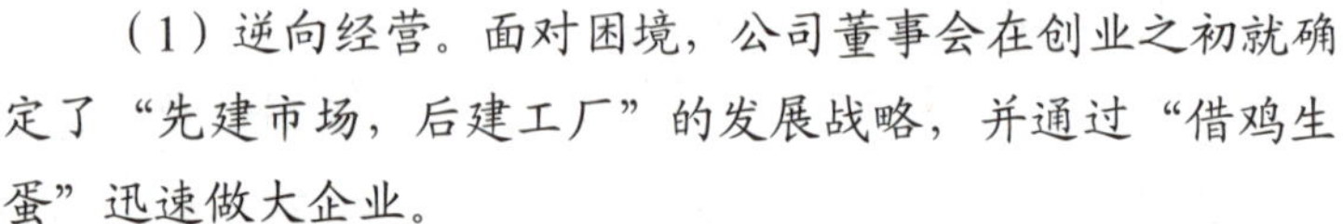

牛根生和他的创业团队把一个一无奶源、二无工厂、三无市场的“三无企业”发展成了年销售额达21亿元的大型企业，其成功的核心因素之一就是借力，主要表现在以下几个方面：

蒙牛企业为何如此成功？

（1）逆向经营。面对困境，公司董事会在创业之初就确定了“先建市场，后建工厂”的发展战略，并通过“借鸡生蛋”迅速做大企业。

（2）虚拟联合。蒙牛与当地政府协商，让他们组织建设奶站，与蒙牛签订常年供应合同。蒙牛品牌的影响和从不拖欠资金的信誉使当地政府十分放心，而奶站是当地人自己出钱建的，自然尽心尽力，质量和数量都有保证，这样就形成了双赢。

（3）统一战线。蒙牛一直宣扬和伊利是兄弟，互相之间应相互促进，共建“中国乳都”的形象概念。

（4）国际化之梦。借助摩根士丹利、鼎晖、英联三大国际财团，蒙牛一直在寻找和搭建向国际化发展的平台。

牛根生就是这样用别人的钱干自己的事，通过运用智慧和灵活的战略、战术创造了奶制品世界的神话。

资料来源：王凯，《大学生创新创业理论与实务》，上海交通大学出版社，2018.

（二）创业资源的整合

创业资源的整合是一个复杂的过程，是创业企业对不同来源、不同层次、不同结构、不同内容的资源进行选择、汲取、配置、激活和有机融合的过程，以使之具有更强的条理性、系统性和价值性，并对原有的资源体系进行重构，摒弃无价值的资源，以形成新的核心资源体系。创业资源的整合过程可以分为资源扫描、资源控制、资源利用和资源拓展四个步骤。

1. 资源扫描

创业者要想知道自己的资源禀赋及企业所拥有的最初资源需要先将已有资源识别出来，包括己方所有有价值的有形资产和无形资产，如人才、技术、设备、品牌等，找到自己的资源优势和不足，同时认清哪些属于战略性资源，哪些属于一般性资源，还要确定资源的数量、质量、使用时间及使用顺序。

在扫描自身已有资源的同时，也要对外部环境进行扫描，以及时发现创业企业所需的资源，确定自己所缺的创业资源可以从哪些渠道获得，以及谁拥有这些重要资源，并对各种资源渠道的获得难易程度进行排序；进而寻找利益交集，对资源所有者的利益需求进行深度分析，并与自己所拥有的资源进行比较，找到利益契合点。这通常需要创业者具有行业知识和一定的社会关系网络。

2. 资源控制

资源控制的范围包括创业者自身拥有的资源、通过交易等形式可获得的资源，以及通过社会网络等形式可以控制的资源。在特定的行业，创业团队中成员的社会网络资源和技术对于企业的成功至关重要。在获取资源的过程中，需要判断这种资源对实现企业的目标是否关键，并且创造性地设计出双赢的合作方案，形成长期互利关系。

3. 资源利用

资源利用即在获取和控制大量资源的基础上，对这些资源进行配置和利用，将它们合理有效地配置到最能发挥其使用效益的地方，以体现出这些资源的价值。企业资源在未整合之前大多是零碎的、低效的，要发挥这些资源的最大使用价值、产生最佳效益，就必须运用科学方法对各种类型的资源进行细化、配置和激活，将有价值的资源有机地融合起来，使它们相互匹配、互为补充、互相增强。

在配置资源之后，新的资源或者竞争优势就会形成，企业必须利用区别于其他企业的这种优势来赢得市场。资源在整合并转化为企业内部的独特优势之后，创业者需要协调各种资源之间的关系，匹配有用的资源，剥离无用的资源。通过协调，使资源的联系更加紧密，更加具有匹配性，形成“1+1>2”的局面，并为下一步拓展奠定基础。

4. 资源拓展

资源拓展即将以前没有建立起联系的资源建立联系，将新获取的资源与已有的资源进行联结融合，进一步开发潜在的资源为企业所用，这也是企业持续竞争优势的根本来源。开拓创造过程能为创业企业带来新的能力，从而使其能够更充分地发现和掌握创业机会。

获取创业资源的技巧

为了及时足额并以较低成本获取创业所需要的资源，创业者需要掌握一定的获取创业资源的技巧。

（1）充分重视人力资源的获取。人力资源在创业资源中的决定性作用要求创业者必须充分重视人力资源的获取。创业者一方面应努力加强自身能力的培养，另一方面应充分重视创业团队的建设。一支知己知彼、才华各异、能力互补、目标一致和彼此信任的团队是创业资源中最为重要的资源，也是创业成功必不可少的保证。

（2）以能用和够用为原则。不是所有的宝贝都是企业的资源，创业者在获取资源时应坚持能用原则，只有满足自己需求、自己可以支配并使其充分发挥作用的资源，才是需要获取的资源。另外，资源的使用是有代价的，因此，在获取创业资源时应该本着够用原则，而不是多多益善。一方面，资源的有限性使创业者难以筹集更多的资源；另一方面，当使用资源的收益不能弥补其成本时，资源的使用并不能给企业带来效益。

（3）尽可能获取多用途资源和杠杆资源。资源自身的特性决定了其用途的不同，有的资源可能在不同场合具有不同的用途，获取具有多用途的资源可以帮助创业者应对创业过程中出现的意外。在知识社会，具有独特创造性的知识是现代社会的高杠杆资源，对于杠杆资源的合理利用，有助于创业者取得一定的杠杆收益，达到事半功倍的效果。

三、创业资金的来源

靠个人积蓄创业的青年学生彭某

彭某是江苏某学校安防技术专业的学生。上学期间，他利用周末或节假日到上海市徐汇区的“百脑汇”里打工，为客户组装电脑。在装机过程中，他学会了组装电脑的流程并熟悉了销售电脑的渠道，同时也掌握了一些营销技巧。他率先在电脑城里打出了“整体装机只挣 100 元”“元部件价格全透明”的广告，消费者看到后纷纷去他所在的店铺装机。一时间，生意好到一个人忙不过来。

彭某不甘心一直给别人打工，想开创自己的事业。于是，他用打工积累的钱租了一个摊位，请了几位工人，开始自己进行电脑维修和装机服务。到毕业那年，他的资产已经超过了 20 万元人民币。他把这些资金作为启动资金，利用自己在学校所学的安防技术专业知识，注册了安防技术服务公司。截至 2016 年，彭某的企业的注册资本已增资到 1 000 万元人民币。

资料来源：叶敏，《大学生创新创业教程》，上海交通大学出版社，2016.

问题与思考：

结合本案例，获取创业资金的渠道有哪些？

具体来讲，创业资金的来源主要有私人资本融资、机构融资、风险投资、天使投资和政府扶持基金。

（一）私人资本融资

1. 个人积蓄

创业者的个人积蓄是创业资金最基本的来源，几乎所有的创业者都向他们新创办的企业投入了个人积蓄。个人积蓄虽然是创业资金的基本来源，但是一般来说，创业者的个人积蓄对于创业企业而言是十分有限的，特别是对于新创办的大规模企业或资本密集型企业来说，几乎是杯水车薪。

2. 向亲友融资

向亲友融资也是筹集创业资金的重要渠道。特别是在中国，以家庭为中心形成的亲缘、地缘、商缘等社会网络关系，对包括创业融资在内的许多创业活动产生着重要影响。由于家庭成员和亲朋好友与创业者个人的关系而愿意投入资金，从而成为创业企业十分常见的融资方式。

（二）机构融资

1. 向银行借款

比较适合创业者的银行借款形式主要有抵押贷款和保证贷款两种。

（1）抵押贷款是指借款人以其所拥有的财产作抵押，作为获得银行贷款的担保。在抵押期间，借款人可以继续使用其用于抵押的财产。

（2）保证贷款是指借款人向银行提供符合法定条件的第三方保证人作为还款保证，当借款方不能履约还款时，银行有权按照约定要求保证人履行或承担清偿贷款连带责任的借款方式。其中，比较适合创业者的保证贷款形式有自然人保证贷款和专业公司保证贷款两种。自然人保证贷款是指由自然人提供担保取得贷款；专业公司保证贷款是指由担保公司提供担保取得贷款。

2．向非银行金融机构借款

非银行金融机构是指以发行股票和债券、接受信用委托、提供保险等形式筹集资金，并将所筹资金用于长期性投资的金融机构。根据法律规定，非银行金融机构包括经银保监会批准设立的信托公司、境外非银行金融机构驻华代表处、农村和城市信用合作社、典当行、保险公司、小额贷款公司等机构。

3．交易信贷

交易信贷是指企业在正常的经营活动和商品交易中，由于延期付款或预收货款所形成的企业间常见的信贷关系，通常也称为商业信用。企业在筹办期及生产经营过程中，均可以通过交易信贷筹集部分资金。例如，企业在购置设备或原材料的过程中，可以通过延期付款的方式，在一定时期内免费使用供应商提供的部分资金。

4．融资租赁

融资租赁是指出租人根据承租人对租赁物件的特定要求和对供货人的选择，出资向供货人购买租赁物件，并租给承租人使用，承租人则分期向出租人支付租金，在租赁期内租赁物件的所有权属于出租人所有，承租人拥有租赁物件的使用权。租期届满，租金支付完毕并且承租人根据融资租赁合同的规定履行完全部义务后，租赁物件所有权即转归承租人所有。

融资租赁既可以解决创业初期资金紧张的局面，节约创业初期的资金支出；又可以使企业按期开业，顺利开始生产经营活动。

（三）风险投资

风险投资又称创业投资，是指由专业机构提供的、投资于极具增长潜力的创业企业并参与其管理的权益资本。风险投资的投资对象多为处于创业期的中小企业，而且多为高新技术企业或现代服务业。投资期限通常为 3～5 年，投资方式为股权投资，一般会占被投资企业 15%～30%的股权，而不要求控股权，也不需要任何担保或抵押，但可能对被投资企业以后各阶段的融资提出一定的权利。风险投资人一般会积极参与被投资企业的经营管理，提供增值服务。由于投资目的是追求超额回报，当被投资企业增值后，风险投资人会通过上市、收购兼并或其他股权转让方式撤出资本，实现增值后的回收。

（四）天使投资

天使投资是一种非组织化的创业投资形式，是指自由投资者（个人）或非正式风险投资机构（团体）对有发展前景的原创项目构思或初创期小企业进行早期权益性资本投资，以帮助这些企业迅速启动的一种民间投资方式。天使投资主要有如下特征：

天使投资

（1）天使投资的金额一般较小，而且是一次性投入，它对创业企

业的审查也并不严格。它更多的是基于投资人的主观判断或者由个人的好恶决定的。通常天使投资是由个人投资，是个体或者小型的商业行为。

（2）很多天使投资人本身是企业家，了解创业者的难处。他们不一定是百万富翁或高收入人士，很可能是你的邻居、家庭成员、朋友、公司伙伴、供应商或任何愿意投资公司的人士。

（3）天使投资人不但可以给创业企业带来资金，同时也能带来一定的资源网络；如果他们是知名人士，还可以提高公司的信誉和影响力。

“我刚从北京加盟店总部学习回来。”电话另一端的陈某信心十足，“希望粥店 8 月 10 日能够开张。”陈某是福州某学校 2018 届毕业生。7 月 8 日，他成为学院第一个获得毕业生创业基金的人。根据他的创业计划，他将在家乡泉州开一家特色粥店的加盟店。最近他都在筹备开店事宜：选址、装修、职员培训、申请执照……

该学院 2017 年设立了毕业生创业基金，每年从学院学费收入中提取 100 万元人民币，用于鼓励毕业生自主创业。2018 年 3 月，学院出台基金管理办法，原则上每年扶持 10 个创业项目，每个项目最高可获 10 万元创业基金的资助，基金不计取利息，毕业生所借款项四年内还清。在 2018 年毕业的学生中有四人向学院提出申请，只有陈某的创业项目通过了审核，获得 3.5 万元的资助。他的创业举动，成为一同走出校门的毕业生中的亮点。

资料来源：百度文库

（五）政府扶持基金

创业者还可以利用政府扶持政策，从政府方面获得融资支持。随着我国经济的发展，无论是从产业的覆盖面，还是从对创业者的支持额度等方面，政府对创业的支持力度都有了很大进展，由政府提供的扶持基金也在逐步增加。

创业资金估算

合理地筹集创业所需资金是对创业者最为基本的素质要求，也是其创办企业的前提。筹集不到足额资金会使企业出现资金断流，甚至被迫清算；筹集的资金过多，又会导致资金的闲置，产生机会成本，导致企业经营效益低下。因此，创业者一定要能够对创业所需资金进行科学估算。

大学生创业普遍会选择小本投资项目，主要需从以下几方面进行创业资金的估算，如表 6-2 所示。

表 6-2　创业资金估算表

序号	项目	数量	金额	序号	项目	数量	金额
1	房屋、建筑物			10	广告费		
2	设备			11	水电费		
3	办公家具			12	电话费		
4	办公用品			13	保险费		
5	员工工资			14	设备维护费		
6	创业者工资			15	开办费		
7	业务开拓费			16	……		
8	房屋租金			17	……		
9	存货的购置支出			合计			

创新案例及分析

“石油女孩”的创业故事

陆玲玲是一家珠宝定制店的店主，她在成都盐市口的第一个店面运营没多久后就有了自己的一套生意经。

谈门槛　需要专业知识及相关的人脉资源

珠宝是奢侈品，而珠宝定制更需要专业的知识。想要在这一行创业，除了必备的专业知识以外，还要具备相关的资源，如渠道、人脉、圈子、客户资源等。陆玲玲在这方面有着自己的优势，“之前在北京做过这样的工作，了解了不少渠道，也积累了一定的人脉和资源。现在，很多客户就是以前积累起来的，而新客户也多数是通过老客户介绍而来的”。

算投入　店铺成本 300 万元，原料花销占大头

有了客户之后，财力也是一个重要因素。店面虽小，但成本也要 300 万元左右。其中，货物原料花费 200 多万元，店面装修 50 多万元，其他的就是店铺租金、人员聘用等费用。陆玲玲笑称：“虽然看起来费用较多，但风险较小，即使经营失败，宝石还可以转卖，损失的无非是租金、水电等费用，而这些相对较少。”

“现在每月的支出是五六万，营业收入基本上能够保证日常的开支；如果在旺季，收入是现在的 2～3 倍，一年平均下来收入有 100 万元。现在钻石的销售占了 90%左右，大概一年半时间就能收回成本。”相对于钻石来说，陆玲玲更看好宝石的销售市场，“宝石价格要低于钻石，而且种类也较多，顾客有更多的选择”。

看市场　北京竞争激烈，成都才是蓝海

如果将珠宝定制市场比喻成海洋，那么北京市场就是红海，竞争激烈，成都市场则是蓝海，发展空间很大。“珠宝定制在成都刚起步，市场还没有被充分地开发。”虽然前景很好，但陆玲玲并没有开分店的打算，“我们打算打造成优质的精品会所，同时，为方便外地客户，我们的网站也正在建设，不久就能够开通”。

生意经　比商场便宜 30%，面向特定群体

陆玲玲认为自己是靠个性化定制和高性价比取得对知名珠宝品牌的非对称优势的，“我们提供的是个性化的珠宝定制，根据客户的需求进行设计，而且，因为提供的是裸钻的设计加工，比商场要便宜 30%，性价比更高。”

小店商品的款式都是自己设计的，独特的设计、繁多的款式及快速的上新频率，是小店的取胜之道，“我考察过本地其他的珠宝定制店，可以说，我们的款式设计是最丰富的，有 300 多种，而且宝石的品类也非常丰富”。

珠宝定制需要有准确的定位，特定的客户群体使小店在各个方面都更有针对性。小店面向的是高端客户群体，主要是 25～40 岁这一年龄段及结婚的人群，“成都是一个时尚城市，经济发展好，人们的消费能力高。而且，现在的年轻人比较喜欢个性化消费，成功人士也喜欢享受生活”。

拥有明确的客户群体，也需要有针对性的营销策略。小店通过与婚庆影楼、电影院及美容院等合作，提高知名度，同时也使销售更有针对性。

人物背景　珠宝店主曾经是“石油工人”

陆玲玲进入珠宝定制这一行业前是做石油工人的，“因为当时将妈妈的戒指弄丢了，经一个姐姐介绍，接触到珠宝定制这一个新鲜的行业”，谈起自己这样机缘巧合地进入珠宝定制行业，陆玲玲也觉得这是一次机遇。

转行之后，陆玲玲开始深入地了解这个行业，也通过在北京的工作积累了客源、人脉、渠道、专业知识等资源，这为她后来在成都开店打下了良好的基础。“我喜欢这件事，也喜欢这样的发展模式。之后在与成都的朋友聊天的时候，我们都感觉成都的市场前景很好，于是合作在成都开了这家店。”

通过这位普通创业者创业成功的案例，我们可以了解到，任何创业都需要一定的资源作保证。珠宝定制是较为专业的行业，要进入这个行业，不仅需要专业的知识，同时，固定的客源及人脉也是必不可少的因素。

探索活动

资源整合

活动目的：

评估自身拥有的资源，发现外部资源并能有效整合外部资源。

活动内容：

创业是一个评估自身资源并整合外部资源的过程。创造性地整合外部资源是优秀创业者所具备的关键性技能之一。请同学们按下列步骤进行资源整合训练：

（1）请同学们利用表 6-3 对自身条件进行评估。

表 6-3　自身条件评估

评估内容	具体要求	自我描述
你想做什么？	根据你的兴趣、爱好确定你想做的事情	
你拥有什么？	你的优势、强项是什么（如技术优势、人脉优势、知识优势等）	
你缺少什么？	你的劣势、缺点是什么（如技术劣势、人脉劣势、知识劣势等）	

请认真思考自己拥有的资源，如果要进行创业，还需要哪些资源？

（2）评估你的同学是否具有你需要的资源？如果有，你将如何说服他和你一起创业或将资源借给你使用？

（3）除了同学外，你还有什么渠道获取创业资源？

（4）获得创业资源后，你将如何有效整合这些资源？

活动检测：

活动结束后，教师可根据表 6-4 进行评分。

表 6-4　探索活动评价表

评分标准	分值	实际得分	备注
能准确评估自身资源	20		
能找出自己缺少的创业资源	20		
能准确评估外部资源	20		
能多渠道获取外部资源	20		
能有效整合外部资源	20		
总分	100		

能力训练

假设你是一个即将毕业的学生，准备毕业后自主创业。请根据你选择的创业机会，分析以下问题：

（1）写出创业所需要的资源和需要继续获取的资源。

（2）写出你准备获取资源的途径和方法。

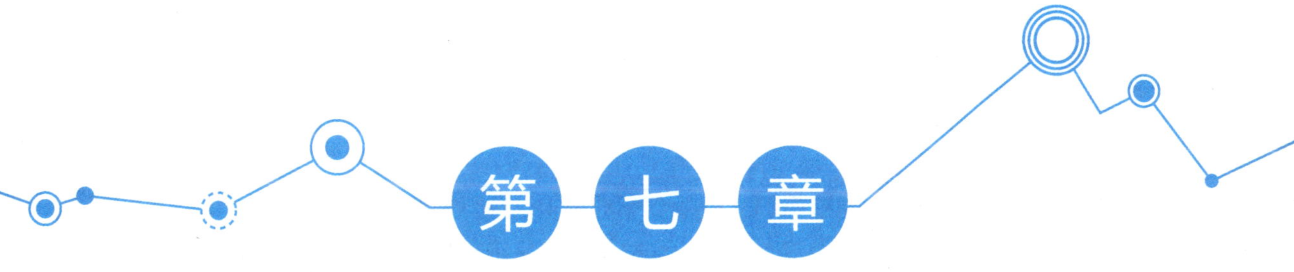

第七章

制订创业计划，走好创业之路

知识目标

- 掌握企业不同组织形式的概念及设立条件。
- 理解企业选址的策略和技巧。
- 了解新企业的注册流程。
- 掌握创业计划书的编写格式及内容。
- 了解新企业成立后的管理常识。

能力目标

- 能初步选定和申报企业的组织形式。
- 能编制简单的创业计划书。

素质目标

- 自觉培养创建企业所需的吃苦耐劳品质和意志坚定精神。
- 自觉树立企业质量意识及效率意识。

第一节　选择企业形态

问题导入

创业者组建创业团队、通过市场分析找到创业机会、获得创业资金后，就可以开始正式成立企业了。在进行本节的学习之前，先思考以下几个问题：

（1）创业者应当如何选择企业的组织形式？

（2）影响企业选址的因素有哪些？

（3）申办企业要遵循哪些步骤？

企业组织形式的选择

一、选择新企业的组织形式

企业组织形式的选择

张某经营一家化工厂，多年来，一直坚持独资经营，身兼所有者与经营者的重要角色。现张某年事已高，想从管理岗位上退下来，将事业留给自己的儿孙们。对于化工厂组织形式的选择，现有两种形式：一是将工厂转为公司制经营，并将公司股份分配给自己的儿孙；二是将工厂转为合伙经营企业，由儿孙合伙经营。为了选择正确的组织形式，张某提出以下目标，并且寻求了律师的帮助：

（1）权益结构：两个儿子各自拥有 30%的股份或份额，四个孙子各分配 10%的股权或份额。

（2）管理：化工厂对生产经营管理要求较高，而自己的子孙没有经营管理能力，他希望将企业交给原来的副厂长李某经营管理。

（3）所得税：希望采用的组织形式能够尽可能减少应缴纳的税款。

（4）风险承担：经营化工厂风险较高，一旦发生事故，赔偿额度无法估量；故张某希望发生意外风险的时候，他儿孙的财产不受任何影响。

综合上述情况，律师做出如下分析：

若工厂转为公司制经营，成立一家有限责任公司，在权益结构、风险承担及管理方面能够满足张某的要求，但是公司经营过程中需要缴纳企业所得税，分配利润时各股东还需要缴纳个人所得税，因此张某的子孙需要承担的实际税额较高。

若工厂转为普通合伙制经营，权益结构方面没有问题，税负也较低，但是在风险承担方面，则需各合伙人承担连带责任。另外，在经营管理方面，各合伙人也需要参与合伙事务管理，这与张某的要求不符。

故律师建议工厂转为有限合伙制形式，需以副厂长李某同意作为普通合伙人继续经营为条件。李某跟随张某多年，对化工厂经营管理非常熟悉，在张某征求李某意见后，李某愿意做普通合伙人，承担无限责任，但需要额外奖励。

为此，律师根据双方意图拟定了注销个人独资企业、成立有限合伙企业的方案。

资料来源：个人图书馆网

问题与思考：

创业之路坎坷多，不管是新创企业还是转型中的企业，都需要解决组织形式选择的问题。你对企业组织形式有哪些了解？假如你要创业，会选择什么样的组织形式？

（一）个人独资企业

个人独资企业是最简单的企业组织形式，是指依照《中华人民共和国个人独资企业法》（以下简称《个人独资企业法》）在中国境内设立的，由一个自然人投资，财产为投资人个人所有，投资人以其个人财产对企业债务承担无限责任的经营实体。个人独资企业尤其适于初涉市场、资金实力有限的创业者。

个人独资企业
与个体工商户的区别

个人独资企业是非法人企业，个人独资的财产属投资人个人所有，在企业财产无法清偿债务时，由投资人承担无限责任，即以个人独资企业以外的财产承担。根据《个人独资企业法》的规定，设立个人独资企业应当同时具备下列条件：

（1）投资人为一个自然人且只能是中国公民。

（2）有合法的企业名称。

（3）有投资人申报的出资。

（4）有固定的生产经营场所和必要的生产经营条件。

（5）有必要的从业人员。

（二）合伙企业

合伙企业是指自然人、法人和其他组织依照《中华人民共和国合伙企业法》（以下简称《合伙企业法》）的规定在中国境内设立的普通合伙企业和有限合伙企业。普通合伙企业由普通合伙人组成，合伙人对合伙企业债务承担无限连带责任；有限合伙企业由普通合伙人和有限合伙人组成，普通合伙人对合伙企业债务承担无限连带责任，有限合伙人以其认缴的出资额为限对合伙企业债务承担责任。相对于普通合伙企业，有限合伙企业可以使资本与智力实现有效的结合，即拥有财力的人作为有限合伙人，拥有专业知识和技能的人作为普通合伙人。

合伙企业也是非法人企业，不具备法人资格。在现代企业中，合伙企业所占比例很高，实践证明，合伙企业是一种灵活、简便，又不失一定规范和规模的企业组织形式。根据《合伙企业法》的规定，设立普通合伙企业，应当具备下列条件：

（1）有两个以上合伙人。合伙人为自然人的，应当具有完全民事行为能力。

（2）有书面合伙协议。合伙协议应当载明下列事项：合伙企业的名称和主要经营场所的地点；合伙目的和合伙经营范围；合伙人的姓名或者名称、住所；合伙人的出资方式、数额和缴付期限；利润分配、亏损分担方式；合伙事务的执行；入伙与退伙；争议解决办法；合伙企业的解散与清算；违约责任等。

（3）有合伙人认缴或者实际缴付的出资。

（4）有合伙企业的名称和生产经营场所。

（5）法律、行政法规规定的其他条件。

大学期间，黄某等人参加了学校的创业计划大赛，虽然比赛结果并不很突出，但却激发了他们的创业热情。比赛结束后，黄某就和同学商量成立电脑服务公司，准备进行真实的创业。他的这一想法得到了其他八名同学的响应，通过商议，黄某出资 20 000 元，其他人每人出资 10 000 元，共计 100 000 元启动资金，不久就正式成立久创科技电脑服务公司，主要业务包括电脑组装、电脑及配件代售、电脑故障维修等。

在后来的经营当中，有两名同学因为自身经济困难而撤资，其他七名同学继续维持经营。经营的七名同学根据自身特点和专业特长，分块负责公司的各项业务，店面的营业人员则由七名同学轮流充当。由于关系良好，平常的工作量和业绩并不直接与利益挂钩，而采取平均分配利润的方式。公司营业一年多来，业绩尚可，已收回投资，并开始盈利。

资料来源：学习啦网

（三）公司制企业

1. 有限责任公司

有限责任公司是指股东以其认缴的出资额为限对公司承担责任，公司以其全部财产对公司债务承担责任的公司。根据《中华人民共和国公司法》的规定，设立有限责任公司，应当同时具备下列条件：

（1）股东符合法定人数。有限责任公司由50个以下股东出资设立。

（2）有符合公司章程规定的全体股东认缴的出资额。

（3）股东共同制定公司章程。有限责任公司章程应当载明下列事项：公司名称和住所；公司经营范围；公司注册资本；股东的姓名或者名称；股东的出资方式、出资额和出资时间；公司的机构及其产生办法、职权、议事规则；公司法定代表人；股东会会议认为需要规定的其他事项。股东应当在公司章程上签名、盖章。

（4）有公司名称，建立符合有限责任公司要求的组织机构。

（5）有公司住所。

2. 股份有限公司

股份有限公司是指将公司全部资本分为等额股份，股东以其认购的股份为限对公司承担责任，公司以其全部财产对公司的债务承担责任的公司。设立股份有限公司，应当具备下列条件：

（1）发起人符合法定人数。

（2）有符合公司章程规定的全体发起人认购的股本总额或者募集的实收股本总额。

（3）股份发行、筹办事项符合法律规定。

（4）发起人制定公司章程，采用募集方式设立的须经创立大会通过。

（5）有公司名称，建立符合股份有限公司要求的组织机构。

（6）有公司住所。

各种组织形式没有绝对的好坏之分，对创业者而言，需要考虑的是选择哪种组织形式更有利于创业企业的生存与发展。

各种组织形式的优势与劣势

各种组织形式的优势与劣势如表7-1所示。

表 7-1　各种组织形式的优势与劣势

组织形式	优势	劣势
独资企业	① 企业设立、转让和解散等行为手续简便，仅向登记机关登记即可，且费用低； ② 创业者拥有对企业的控制权； ③ 企业经营灵活性强，可迅速对市场变化做出反应； ④ 利润归创业者所有，不需与他人分享； ⑤ 只需缴纳个人所得税，无须双重纳税； ⑥ 在技术和经费方面易于保密	① 创业者承担无限责任； ② 不易从企业外部获得信用资金，筹资困难； ③ 企业寿命有限，易随着创业者的退出而消亡； ④ 企业的成功更多地依赖创业者的个人能力； ⑤ 创业者投资的流动性低
合伙企业	① 企业设立比较简单、容易，费用低； ② 企业经营具有高度的灵活性； ③ 企业资金来源较广，信用度较高	① 普通合伙人承担无限连带责任； ② 财产转让困难； ③ 融资能力有限，企业规模受限； ④ 企业往往因关键合伙人退出而解散； ⑤ 在合伙人对企业经营有分歧时，决策困难
有限责任公司	① 股东只承担有限责任，风险小； ② 公司具有独立寿命，易于存续； ③ 公司所有权与经营权分离，聘任经理人管理，更能适应市场竞争； ④ 以出资人的出资额为限承担公司的经营风险； ⑤ 促使公司形成有效的治理结构； ⑥ 多元化产权结构有利于科学决策； ⑦ 可吸纳多个投资人，促进资本集中	① 公司设立程序比较复杂，费用较高； ② 税收负担较重，存在双重纳税问题； ③ 不能公开发行股票，筹集资金的规模与渠道受限； ④ 产权不能充分流动，资产运作受限
股份有限公司	① 股东只承担有限责任，风险小； ② 公司具有独立寿命，易于存续； ③ 公司产权可以股票形式充分流动； ④ 可聘任职业经理人管理，管理水平较高； ⑤ 筹资能力强	① 公司设立程序复杂，费用高； ② 税收负担较重，存在双重纳税问题； ③ 政府限制较多，法规要求比较严格； ④ 因公司要定期报告其财务状况，故公司的相关事务不能严格保密

二、选择新企业的地址

家乐福的选址

1999 年，家乐福的销售额达 798.7 多亿美元，居世界第二、欧洲第一。到 2000 年年底，家乐福在国外店铺数比沃尔玛国外店铺还多。家乐福的成功在于精细、科学的管理，主要体现在 6 个方面：选址的科学化、强大的商品管理机构、强大的电脑支持功能、简洁的组织结构、经营理念及高效现场管理、完整的企业文化和强烈的防损意识。自家乐福 1995 年进入中国市场至今，已拥有超过 2 万名员工，所开店已遍布中国 20 多个城市，经营商品 2 万多种，95%以上的商品都是本地化采购。家乐福在中国每开一家新店都严格按照其选择要求进行。

（1）地理位置要求：开在十字路口。Carrefour（法文，意为十字路口），其第一家店是 1963 年开在巴黎南郊一个小镇的十字路口，生意异常火爆。十字路口成为家乐福选址的第一准则。同时还要交通方便，满足私家车、公交车、地铁、轻轨等各种交通要素的通达；人口密度相对集中；两条马路交叉口，其一为主干道；具备相当面积的停车场，如在北京要求至少 600 个以上的停车位，非机动车停车场地 2 000 平方米以上，免费提供给家乐福公司员工及顾客使用。

（2）建筑要求：占地面积 15 000 平方米以上，且最多不超过两层，总建筑面积 2 万到 4 万平方米。建筑物长宽比例为 10∶7 或 10∶6。

（3）3 公里商圈半径：这是家乐福在西方选址的标准。在国内一般标准是公共汽车 8 公里车程，不超过 20 分钟的心理承受力。

（4）灵活适应当地的特点：家乐福可开在地下室，也可开在四五层，但最佳为地面一二层或地下一层和地上一层。家乐福一般占两层空间，不开三层。这种灵活选址的原则，增强了家乐福在同类商业的竞争优势。

（5）租期要求：家乐福能够承受的租金较低，而且一般签订长期的租赁合同（通常是 20～30 年）。

（6）外聘公司进行市场调查：一般需要选两家公司分别进行销售额测算，两家公司是集团之外的独立公司，以保证预测的科学性和准确性。

（7）转租租户由家乐福负责管理。

资料来源：360 个人图书馆网

问题与思考：

新建企业选址的策略和技巧有哪些？

（一）影响企业选址的因素

创业者选择企业经营地址时，需考虑政治因素、经济因素、技术因素、社会文化因素、自然因素、人口因素等，其中经济因素和技术因素对选址决策起基础性作用。

1. 政治因素

选择新企业地址时，创业者应重视对政府在市场发展、产业发展等方面相关规定的研究。例如，研究政府在不同时期发展产业的重点和优惠政策，可将新企业建在政府支持该产业的地区，使新企业抢占市场先机。

2. 经济因素

经济因素决定了新企业预选地区的购买力，一般反映在该地区消费者的银行存款、收入水平、家庭总收入等指标上，这些数据与该地区是否繁荣有密切关系。创业者还应注意考察新企业预选地区的商业环境，是否形成了具有竞争力的企业集群，将企业地址选择在相关联企业比较集中的地区是相对容易获得成功的。

3. 技术因素

以科技研发与生产为方向的高新技术企业在选址时，创业者可考虑将新企业建在某地区的技术研发中心附近，或者建在新技术信息传递快速的地区，以便及时了解和掌握国内外新技术发展变化的新规律、新特点和新趋势，避免技术本身进步的难以预测性和技术市场变化的不确定性对高新技术企业带来的不利影响。

4. 社会文化因素

新企业在选址时，创业者应考虑新企业地址所在城市的影响力、所在地区的社区文化与商业文化，分析新企业产品或服务目标消费群体的文化品位与消费心理。不同文化背景的消费者，由于生活态度与价值取向的差异，导致他们对健康、营养、安全与环境等的关注程度不同，会直接影响新企业产品或服务的市场需求与市场拓展。

5. 自然因素

创业者应该关注新企业所选地区的地质状况、水资源的可用性、气候变化等自然因素是否符合新企业生产与经营的客观需要。

6. 人口因素

人口因素反映了一个地区的市场需求及市场容量。创业者不仅要重点了解所选地区的

人口结构、人口数量、人口稳定状况，以及消费者的职业与收入状况，还要了解消费者的购买习惯、消费能力等情况。

孙小茜毕业后，在亲友的协助下，在上海佳木斯路一个幽静的地段开了一家两层共计 60 多个座位的咖啡馆，环境优雅舒适，很有品位和格调。

但是，过了一段时间她发现，她的咖啡就算只要 18 元一杯，顾客都嫌贵而很少有人光临，而在徐家汇，48 元一杯同样的咖啡却招来了不少顾客。后来她才意识到，是她咖啡馆所处地区的消费能力不行。这是因为周边的社区多是老住户的上海本地居民，在家的大多是退休老人，而工作的人回到家已是晚上了，无暇光顾。所以因为地段不好，咖啡馆效益也一般。

最后，她把咖啡馆承包给了一对夫妇，自己去了一家室内设计公司，做回自己大学的专业。而咖啡馆在这对夫妇的经营下，已经变成棋牌室的风格了。

资料来源：叶敏，《大学生创新创业教程》，上海交通大学出版社，2018.

（二）企业选址的策略和技巧

科学而行之有效的选址对企业的成长至关重要，因此，创业者必须掌握企业选址的策略和技巧，具体应注意以下几个方面：

星巴克咖啡的选址

（1）在搜集与研究市场信息的基础上选址。市场信息对企业选址的影响是不可忽视的，对市场信息的搜集与分析决定着创业者能否正确地做出选址决策。依据影响企业选址的各种因素，创业者可自己或借助中介机构搜集市场信息，并对搜集的市场信息进行定性与定量的科学分析，在此基础上进行科学选址。

（2）在考察与评估备选地址的基础上选址。创业者要对多个备选地址进行实地考察，并采用科学的定量分析的方法对备选地址进行考察与评估。经过对备选地址的实地考察与定量分析，按照企业“必需的”和“希望的”选址条件，对备选地址进行详细的比较分析后，选择出最佳地址。

（3）在咨询与听取多方建议的基础上选址。创业者经过咨询有经验的企业家或相关人士，听取他们的意见与建议，获得有益的帮助，并综合分析各种信息、意见与建议，制定详细的备选地址优势与劣势对比表，按照企业所属行业的特点与企业的市场定位等特征，综合运用选址的评估方法，最终做出正确的选址决策。

不同类型企业的选址要点

（1）零售企业。对于零售企业来说，位置选择十分重要，因为这类企业需要稳定的客流量来支撑，同时还需要考虑周围店铺的业务类型、道路交通情况和当地居民的结构等因素。此外，租金及房屋的结构也是必不可少的考虑因素。

（2）批发企业。批发企业是指批发商从制造商那里大批量采购商品，然后再小批量地卖给零售商的企业。这类企业选择位置时主要考虑两个问题：一是要有良好的交通条件；二是在建筑、设备、公共设施等方面要适当便利。没有良好的交通条件和适当的便利条件，批发商很难处理大量的货物。同时，批发企业要尽可能地接近他的客户，如仓储物流行业应侧重考虑市场因素，以及仓储物流的服务目标需求量，建立适量的仓储地点。

（3）服务性企业。一般情况下，服务性企业应尽可能地靠近大型购物中心，以确保稳定的客流量。但是，像牙科诊所、干洗店、修鞋店等业务就没有必要设在高租金地段，居民住宅区附近就是非常理想的开办地点。

（4）制造类企业。制造类企业的选址不同于其他类型企业，不仅要考虑到交通状况的便捷和原材料产地的远近，还要考虑是否能够以较低的成本方便地获取土地、劳动力资源，以及城市发展规划的影响和企业自身的运营发展等因素。例如，原材料提炼业应侧重考虑偏近原料、燃料动力的供应地；劳动密集型的制造业应侧重考虑人工供应充沛、质量高、工资低，综合运营成本低的地区；高新技术产业应关注政府是否鼓励该产业发展，是否已通过产业规划、财税政策、人才培养等多种途径为该产业提供高效优质的服务。

三、新企业的注册流程

三个大学生创业　企业注册遇难题

张强、李海波、孙涛三人均为某学校计算机专业的学生，经过业余时间的学习与研究，他们在开发安防系统方面取得了一项技术性突破，而这项技术如果能够在实际中应用，前景非常广阔，于是三人准备合伙创办一家以开发安防系统为主的公司。

创办企业，首先要有资金，三人通过向亲戚朋友借款，共筹集了 30 万元作为启动资金，然后便开始张罗着给公司命名、选址和注册。在创办企业这件事上，虽然三人在产品设计开发方面都是高手，但是由于三人都没有创办企业的经历，导致第一步“公司注册”就遇到了问题，他们甚至连公司注册登记的程序都不清楚，这让他们心里没了底。为了了解注册程序，他们决定到市场监督管理部门拿一套注册公司的程序介绍书，深入研究了一番，可是烦琐的注册程序和注册问题使三个人同时犯了难。经过仔细研究，他们发现，要想完成公司注册，必须先弄清楚以下几个问题：

Q1：像他们这样开发安防系统的公司究竟应该注册成什么类型的公司？

Q2：应该选择什么样的组织形式比较合适？

Q3：注册公司需要提供哪些资料？

Q4：进行公司注册具体的费用是多少？

……

资料来源：张钱，《大学生创新创业教育教程》，上海交通大学出版社，2018.

问题与思考：

你知道创办新企业需要经过哪些注册流程吗？

2015 年 6 月 23 日，国务院办公厅颁布了《关于加快推进“三证合一”登记制度改革的意见》（国办发〔2015〕50 号），以简化企业登记、审批的程序，提高登记效率，方便企业准入。

2015 年 10 月 1 日起，“三证合一、一照一码”登记制度改革开始在全国推行。国家市场监督管理总局、国家税务总局联合发出关于做好“三证合一”有关工作衔接的通知，要求各地建立健全信息共享机制，做好企业登记和税务管理衔接有关工作，确保“三证合一”工作衔接顺畅高效。

“三证合一”，就是将企业依次申请的工商营业执照、组织机构代码证和税务登记证三证合为一证，提高市场准入效率；“一照一码”则是在此基础上更进一步，通过“一口受理、并联审批、信息共享、结果互认”，实现由一个部门核发载有 18 位的“统一社会信用代码”的营业执照。企业无须再次进行税务登记，也不再领取税务登记证。“一照”即营业执照，“一码”即统一社会信用代码。

2016 年 6 月 30 日，国务院办公厅印发《关于加快推进“五证合一、一照一码”登记制度改革的通知》（国办发〔2016〕53 号），在“三证合一”登记制度改革的基础上，再整合社会保险登记证和统计登记证，实现“五证合一、一照一码”。

2018 年 6 月 15 日，全国各省（自治区、直辖市）级及计划单列市国税局、地税局合并且统一挂牌。此次省级新税务局挂牌后，至 7 月底，市、县级税务局逐级分步完成集中办公、新机构挂牌等改革事项。2018 年 8 月起，税务局整合办税流程，全面实现了“一厅通办”“一网办理”。

上述制度简化了企业的登记流程，相应地，企业的设立流程也随之简化了。政策实施后，设立创业企业需要经过以下六个步骤：预先核准企业名称→准备申请材料→网上申请→领取营业执照并刻制印章→税务报到→银行开户。

（一）预先核准企业名称

开办企业，首先需要为企业申请名称核准。企业名称经预先核准程序在企业设立前确定下来，可以使企业避免在注册过程中遇到因名称的不确定而带来的登记申请文件、材料使用名称杂乱，并减少因此引起的重复劳动，对统一登记申请材料中使用的企业名称、规范登记文件材料，均有重要的作用。

注册公司的一般流程

汤某，出生在徐州的一个铁道职工家庭。只有小学文化的父亲，通过自学成为徐州当地鼎鼎有名的大厨，这激发了汤某的创业梦想。

2016 年 4 月，即将从扬州某学校毕业的汤某，和几位烹饪工艺专业的同学投资 10 万元创业，在老师的指导下，他们开发出以生姜为主打原料的保健品——姜糖、姜茶、老姜浴足粉，在扬州东关街上打出了“扬八怪姜糖”的旗号。

汤某跟他的合作伙伴反复调制温度近 200℃的糖糕，不惜灼伤双手，相继研发出花生、玫瑰、红枣等 8 种新口味的姜糖。“扬八怪”姜糖热卖，一些商户也开始效仿，3 个月不到，在 1 100 多米长的东关街上，竟开出了 9 家姜糖店。

传统食品加工门槛低，为了捍卫自己的创业成果，汤某跟他的合作伙伴做出以下决定：一是扩张，他们在东关街每一段的重要节点位置布设三家直营店铺；二是他们为三轮车夫提供免费姜茶，换来更多外地游客的光临；三是拓展销售渠道和销售模式。他和伙伴们多方争取将“扬八怪”姜糖和系列产品推销到瘦西湖、个园及何园等扬州景点，并在扬州及周边城市（泰州、南京、无锡等）景区开设销售网点。几个年轻人又尝试网络销售，打开了又一个销售通道。

创业路上充满艰辛、甜蜜和苦涩。汤某说，他们是创业幸运儿，得到了扬州许多部门的关心和支持。

资料来源：应届毕业生网

（二）准备申请材料

（1）企业设立登记申请书。内含企业设立登记申请表、单位投资者（单位股东、发起人）名称、自然人股东（发起人）、个人独资企业投资人、合伙企业合伙人名录、投资者注册资本（注册资金、出资额）缴付情况、法定代表人登记表、董事会成员、经理、监事任职证明、企业住所证明等表格。

（2）公司章程。提交打印件一份，经全体股东亲笔签字；有法人股东的，要加盖该法人单位公章。

（3）企业名称预先核准通知书及预核准名称投资人名录表。

（4）股东资格证明。

（5）指定（委托）书。

（6）经营范围涉及前置许可项目的，应提交有关审批部门的批准文件。

（三）网上申请

第一步：登录市场监督管理局网站。

第二步：找“在线办事”，注册账号并登录。

第三步：选择企业登记的选项，按要求填写，上传 PDF 材料，完成提交。

材料提交后，市场监督管理局会在五个工作日内进行审核，如果有问题会另行通知申请人修正继续提交，网上审查通过后，申请人需要跟市场监督管理局预约提交书面材料的时间。

（四）领取营业执照并刻制印章

预约之后，申请人按照预约的时间带着书面材料去提交，基本是当时提交当时受理登记。七个工作日左右市场监督管理局会电话告知领取营业执照，之后凭营业执照，到公安局指定的刻章社刻公章、合同章和财务章。

（五）税务报到

新办企业在市场监督管理局办理完“三证合一、一照一码”登记后，应携带营业执照正副本原件、法人身份证原件及公章、法人章到税务局办理企业一证通，后注册、登录税务局官网办理税务登记业务。

（六）银行开户

银行开户需带上营业执照正副本及三章（包括公章、财务章和法人章，有些地区为五章）和法人的身份证原件，房屋租赁合同一份并加盖公章。

企业名称构成

企业（公司）名称一般由四部分构成：行政区划+字号+行业或经营特点+组织形式，如“北京市志恒贸易有限公司”。申请企业名称时，应注意以下几点：

（1）企业名称中的字号应当由两个及以上的字组成，行政区划不得用作字号。

（2）企业名称可以使用自然人投资人的姓名作字号。

（3）企业名称应当使用符合国家规范的汉字，不得使用外国文字、汉语拼音字母、阿拉伯数字、标点符号等作为企业名称。

（4）企业名称中不得含有其他法人的名称。

（5）企业名称中的行业表述应当为反映企业经济活动性质、所属国民经济行业或者企业经营特点的用语。企业名称中行业表述的内容应当与企业经营范围相一致。

企业名称有下列情形之一的，不予核准：① 同市场监督管理局核准或者登记注册的同行业企业名称字号相同，有投资关系的除外；② 与其他企业变更名称未满 1 年的原名称相同；③ 与注销登记或者被吊销营业执照未满 3 年的企业名称相同；④ 其他违反法律、行政法规的。

创新案例及分析

雪贝尔：开一间火一间

雪贝尔蛋糕店开一间火一间是业内有目共睹的。同样是蛋糕店，为什么雪贝尔就可以越开越火？

雪贝尔公司的原“选址员”、现雪贝尔深圳公司经理倪某介绍说：“我刚刚到雪贝尔公司的工作就是选址，在广州培训了一个月后，我就被派到了人生地不熟的深圳，专门负责公司新开蛋糕店的选址。当时我选的店面开一间火一间，所以我今天才坐到了经理的位置。”那么，倪某选址有什么诀窍呢？

倪某认为，开店的人都特别讲究一个人气，有人气才有生意。但是，是不是选择店址的时候，找准人多的地方就好呢？其实也不尽然。很多人都存在一个误区，那就是把人流量当成了判断一个地段好坏的唯一标准。诚然，人流量是决定生意成败的一个重要因素，但了解客流的消费目标，才是更为重要的工作。在开店以前要研究的不是人有多少，而是这些人中，你的“潜在顾客”或者说“有效客流量”有多少。雪贝尔每开设一个新连锁店，都要做大量的最佳店址选择工作，其中一项最重要的工作就是测算分析人流量，公司派员

工拿着秒表到目标场所测算人流量。这些测算人员除了要汇报日人流数量以外，还要详细汇报以下数据：附近有多少路公共汽车经过；过往的人中，多少人是走路来的，多少人是坐公共汽车来的，多少人是打的或开车来的，通过这些来仔细分析该地区人群的消费水平和消费习惯。

据了解，倪某可以很快成为选址专家，还在于他很有悟性。他发现肯德基与雪贝尔都同属于一种业态，于是就取巧地看肯德基开在哪里，雪贝尔的新店址就选在肯德基方圆百米内，这样一来新店生意果然火爆！

对创业者而言，无论创业企业以哪种组织形式运作，经营地址的选择都显得非常重要。雪贝尔在选址方面的经验可对新企业起到借鉴和指导作用。

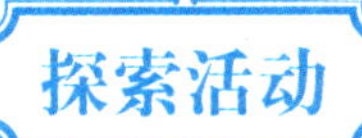

企业选址调研

活动目的：

使学生能根据创业项目实际情况和外部环境合理选择企业的经营场所。

活动内容：

以小组为单位，根据选择的经营内容，进行选址调研，并制订选址方案。调研内容包括：

（1）企业的目标客户在哪些地方？

（2）所选地址的日客流量是多少？

（3）所选地址的房租在什么价位？

（4）所选地址所在区域有多少家同行业者？他们的实力如何？

（5）所选地址所在区域是否具有长远的发展前景？

（6）所选地址所在区域的经济是否繁荣？

（7）所选地址所在区域消费者的收入、文化品位和消费心理呈现出什么特点？

（8）所选地址所在区域的交通是否便利？

具体实施步骤如下：

（1）由教师对学生进行分组，每 4～6 人为一组，选出一个小组负责人。

（2）小组编写调研方案，确定调研内容、调研方法、调研人员及分工等事项。

（3）实施调研。

（4）编写选址方案。

（5）将选址方案制作成 PPT，由小组负责人上台展示。

（6）教师进行点评。

活动检测：

活动结束后，教师可根据表 7-2 进行评分。

表 7-2　探索活动评价表

评分标准	分值	实际得分	备注
按要求实施了调研	25		
选址报告结构完整、分析合理	25		
掌握了企业选址的技巧	25		
PPT 制作精美、讲解清晰流畅	25		
总分	100		

能力训练

王苏想开一家服装店，但在店面地点的选择上犹豫不决。当时，城南地区已有许多服装店，竞争非常激烈；而城北地区则没有什么服装店，无竞争对手。王苏不知该如何抉择。后来，她到一个公园里看到很多人在园内的两个钓鱼池钓鱼，其中小钓鱼池处围满了人，而大钓鱼池处却冷冷清清的只有两三个人。经打探，原来是因为小鱼池鱼多，不断有人钓上鱼来；而大鱼池鱼少，很少有人能钓上鱼来。王苏豁然开朗，很快就决定了开店地址。

讨论：

如果你是王苏，你会在哪儿开办服装店？为什么？

第二节　制定创业计划书

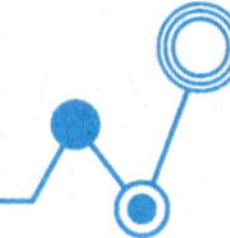

问题导入

对于众多创业者来说，创业计划书是进行融资的必备文件。近年来，创业融资的程序日益规范，作为投资公司进行项目审批的正式文件之一，创业计划书越来越受到投资者的重视。学会编写创业计划书已经成为创业者的“必修课程”之一。在进行本节的学习之前，先思考以下几个问题：

（1）创业计划书包括哪几部分内容？

（2）如何编写一份高质量的创业计划书？

一、创业计划书的基本知识

BP+帮创业者融资 2 个亿

2014年9月，中华人民共和国国务院总理在夏季达沃斯论坛上给创业者们打了一针鸡血。“大众创业、万众创新”的观点一提出，很多人纷纷辞职创业，与创业相关的创业服务生意也随之而来。以服务企业 BP 为切入点的 BP+正是这群“淘金者”中的一员，其创始人崔某是一位有着丰富经验的连续创业者，曾创立国内首款互联网姨妈枣品牌“枣到了”，一度成为互联网最受女性欢迎的品牌之一。

BP 的全称是 Business Plan，中文称为商业计划书。对于创业者来说，这是敲开投资人大门的第一块砖，然而遗憾的是，大多数创业公司没能迈好这个第一步。由于不专业、不了解、没时间等原因，BP 做得糟糕的不止一家创业公司。

崔某说，写 BP 首先要尝试理解投资人的需求及关注点，并且要努力让人有理由相信你的公司是个很好的投资标的。你需要提供的是事实、数据、背景信息及能证明这笔投资潜在回报的报告，商业逻辑清晰的呈现更是核心关键。而这些对于崔某和他的团队来说都是擅长的。据崔某介绍，他的团队是由有着 7 年以上管理经验、投资分析、品牌设计、行业研究的一群人组成的，且其联合创始人更是有着多年品牌咨询和战略咨询经验。

据崔某介绍，截至目前 BP+累计服务了 100 多家创业公司，帮助多家公司拿到了近 2 亿元的融资，达成了 7 位数的营收。而在 BP+目前提供的业务中，除了 BP 以外，崔某和他的团队还为创业公司提供了智库、报道和咨询等一系列服务。

“一份好的 BP 可以帮助创业者提炼和梳理创业思路，指导创业者分析市场和用户、找到好的定位和切入点、明确产品逻辑和业务走向、规划发展路径、定制资金规划等。”崔某说道，因此，BP 的作用不仅是给投资人看的，更是创业者对公司发展自我梳理的一个过程。

资料来源：创业帮网

问题与思考：

什么是创业计划书？为什么要制定创业计划书？创业计划书有什么作用？

（一）创业计划书的含义

创业计划书又称商业计划书，是指创业者就某一具有市场前景的新产品或服务向风险投资者游说，以取得风险投资的商业可行性报告。

企业计划书

创业计划书是创业者叩响投资者大门的“敲门砖”，是创业者计划创立业务的书面摘要，一份优秀的创业计划书往往会使创业者达到事半功倍的效果。

美国每年有300多万家新企业出现，但这些新企业的失败率却高得惊人，有30%的独立小公司在经营的头两年就会倒闭，而导致如此高的失败率的一个重要原因就是“未能做好计划”，很多创业者实际上并没有做好充分的准备工作就开始一项新的事业，他们没有分析自己的情况、弱点和劣势。对于一个初创企业，创业计划可以更好地帮助创业者分析目标客户，规划市场，形成定价策略，并对竞争性的环境做出界定，以便在其中顺利开展业务。

资料来源：百度文库

（二）创业计划书的作用

一份优秀的创业计划书不仅能够吸引投资者的眼球，更能够有效地指导企业经营，帮助创业者理清未来的发展思路。因此，在具体的创业实践中，创业者一定要重视创业计划书的价值与作用。

1. 创业计划书是创业者把握企业发展的总纲领

创业者通过编写创业计划书，能够明确创业方向、理清创业思路。创业计划书的编写是一个长期的过程，创业者需要根据企业的实际情况进行不断的调整和完善。在这一过程中，创业者或者改变销售策略，或者更新经营思路，或者认识到某一方面的错误与不足，甚至改变总目标下的某一分目标，这些都有利于企业的良性发展。总之，对创业者来说，创业计划书无异于总纲领和总路线。

2. 创业计划书是创业团队及合作者共同奋斗的动力和期望

创业计划书是创业者对理想的现实阐述，是连接理想与现实的桥梁。创业企业的预期目标、战略、进度安排、团队管理等方面都是创业者理想的具体化图景，是创业团队奋斗

的动力。明细的创业计划有助于创业团队成员统一思想和路线，步调一致、有的放矢。创业计划书能让创业者及其合作者紧密团结在一起，同甘共苦，打拼未来；创业计划书还是亲缘纽带的“黏合剂”，因为优秀的创业计划书可以让创业者赢得亲友的信任与支持，坚定创业者在艰难创业路上的信心与勇气。

3．创业计划书是投资者决定是否投资的重要参考

从融资角度看，创业计划书通常被喻为“敲门砖”。在一份详细完备的创业计划书中，往往包含了投资者所需要的信息：创业企业的现实业绩和发展远景，市场竞争力和优劣势，企业资金需求现状和偿还能力，以及创业者及其团队的能力和阵容等。这些都是投资者关心的重点，是他们衡量创业企业实力和潜力的依据，并以此作为是否对创业企业进行投资的重要参考。

4．创业计划书为企业经营活动提供依据与支撑

创业计划书是为企业发展所做的规划，企业的创立与成长需要由创业计划书引领。创业计划书的主要构思围绕企业，主要内容更是离不开企业，诸如资金规划、财务预算、产品开发、投资回收、风险评估等，步步都与实现目标及企业发展密切相关。因此，创业计划书是企业经营活动的有力依据和有效支撑，对创业行动具有指导意义。

编写创业计划书的六个 C（六要素）

第一个 C 是 Concept，概念。即在你的计划书里面，要让别人可以很快地知道你在卖什么。

第二个 C 是 Customers，顾客。有了产品以后，接下来要考虑卖给谁，谁是顾客，要明确顾客的范围。例如，假定女性都是顾客，那 50 岁以上的女性和 5 岁以下的女孩是否都是顾客，这一点需要界定清楚，即要明确适合的年龄层。

第三个 C 是 Competitions，竞争者。产品有没有人卖过？如果有，是在哪里卖过？有没有其他产品可以取代？与竞争者的关系是直接的还是间接的？

第四个 C 是 Capabilities，能力。要卖的东西自己会不会，懂不懂？例如开餐馆，如果厨师辞职了且暂时招不到合适的人，自己会不会炒菜？如果自己没有这个能力，至少合伙人要有相关能力。

第五个 C 是 Capital，资本。资本可以是现金，也可以是资产，或者是可以换成现金的产品。那么资本在哪里？有多少？自有的部分有多少？可以借的有多少？这些都要清楚。

第六个 C 是 Continuation，永续经营。当事业做得不错时，将来的计划是什么？

二、创业计划书的基本内容

雅虎的创业计划书

家喻户晓的雅虎公司就是在创业计划书竞赛中脱颖而出，从而获得了400万美金的风险投资而起步的。召集人杨致远和他的团队，创造了近70亿美元的市场价值。

雅虎创办人杨致远在1993年与斯坦福大学一名研究生大卫·费罗合创雅虎，三年后在纽约股票市场上市，每股股价由13美元飙升到33美元，个人身价高达1.32亿美元。

原来，杨致远在1995年上半年便开始与风险投资公司接触，希望公司得到更理想的发展。他明白硅谷是一个风险投资的乐园，在那里平均每天就有一家公司上市。当时微软、美国在线（AOL）等都想收购雅虎，但都被他拒绝。他最终得到风险投资基金的支持，而公司也得以成功上市。

资料来源：张普权，
《大学生职业生涯规划与就业指导》，上海交通大学出版社，2017.

问题与思考：

一份完整的创业计划书应包括哪些内容？

不同行业的创业计划书有所不同，但从总的结构来看，所有的创业计划书都应包括计划摘要、主体和附录三个部分。

（一）计划摘要

计划摘要是对整个计划的高度概括，应用最精练的语言浓缩计划书的精华。计划摘要是引路人，一般应在后面所有内容编制完毕后，再把主要结论性内容摘录于此，以求一目了然，在短时间内给使用者留下深刻的印象。计划摘要一般包括以下内容：

（1）企业所处的行业，企业的性质和经营范围。

（2）企业的主要产品。

（3）企业的市场在哪里，谁是企业的顾客，他们有哪些需求。

（4）企业的合伙人、投资者是谁。

（5）企业的竞争对手是谁，竞争对手对企业的发展有何影响。

（6）企业的优势在哪里。

（7）如何投资、投资数量和方式。

（8）投资回报及安全保障。

计划摘要如同推销产品的广告，编写人要反复推敲，力求语言精练、行文流畅而富有感染力，以引起投资者阅读创业计划书全文的兴趣。

（二）主体

创业计划书的主体部分是整个计划书的核心。主体部分的内容要翔实，在有限的篇幅之内充分展示创业者要说明的全部内容，主体部分按照顺序一般包括以下几个方面。

1. 企业（项目）介绍与战略

这一部分是向战略合伙人或者风险投资者介绍融资企业或项目的基本情况。如果企业处于种子期，现在只有一个美妙的商业创意，应重点介绍创业者的成长经历、求学过程、创业的原因及创意是如何产生的。如果企业处于成长期，应简明扼要地介绍公司过去的发展历程、现在的状况及未来的规划。在描述公司发展历程时，正反经验都要写，不要回避以往的失误。对失误进行客观的描述和中肯的分析，反而能够赢得投资者的信任。

2. 技术产品（服务）介绍

投资者最关心的问题之一就是企业的产品、技术或服务能否及在多大程度上解决现实生活中的问题，或者企业的产品（服务）能否帮助顾客节约开支、增加收入，这是市场销售业绩的基础。在这一部分，要对产品（服务）做出详细的说明，说明要准确，也要通俗易懂，让非专业人员的投资者也能明白。

3. 行业与市场分析预测

这一部分主要是对企业所在行业的基本情况、企业产品或服务的现有市场情况、未来市场前景进行分析，使投资者对产品或服务的市场销售状况有所了解。

4. 市场营销策略

企业的盈利和发展最终都要通过市场进行检验，营销成败直接决定了企业能否生存下去。营销策略的内容应包括：① 营销机构和营销队伍的建立；② 营销渠道的选择和营销网络的构建；③ 广告策略和促销策略；④ 价格策略；⑤ 市场渗透与开拓计划；⑥ 市场营销中意外情况的应急对策等。

5. 生产计划（运作分析）

这一部分旨在使投资者了解产品的生产经营状况，应尽可能把新产品的生产制造及经营过程展示给投资者。

6. 管理团队介绍

这一部分主要是向投资者展现企业管理团队的结构、管理水平和能力、职业道德与素质，使投资者了解管理团队的能力，增强投资信心。

7. 财务分析与预测

这一部分包括公司过去若干年的财务状况分析，今后三年的发展预测，以及详细的投资计划，旨在使投资者据此判断企业未来经营的财务状况，进而判断其投资能否获得理想的回报，是决定投资决策的关键因素之一。

8. 融资计划

这一部分主要是根据企业的经营计划提出资金需求数量，融资的方式、工具，投资者的权益、财务收益及其资金安全保证、资金退出方式等，它是资金供求双方合作前景的分析。

9. 风险分析

这一部分主要向投资者分析企业可能面临的各种风险隐患、风险的大小及融资者将采取何种措施来降低或防范风险、增加收益等。

融资者最好采取客观的态度，不能因为风险发生的可能性小而忽略不计，也不能为了增大获得投资的机会而故意缩小、隐瞒风险因素，而应该对企业所面临的各种风险都认真地加以分析，并针对每一种可能发生的风险提出相应的防范措施，这样才能取得投资者的信任。

（三）附录

创业计划书的附录应包括媒体关于公司产品的报道，公司产品的样品、图片及说明，有关公司及产品的其他资料。

以上是创业计划书的全部内容，创业者可以根据公司及项目的具体情况，在此基础上进行增添或删改。一般来说，投资者最关心的问题主要有两点：① 创业者的商业创意、产品和服务是否具有唯一性；② 该公司管理团队能否胜任。因此，创业者在编写创业计划书时一定要对这两方面进行重点分析。此外，获取利益是投资者的根本目的，及早收回资金是其投资的前提，所以未来收益的预测和风险资金的退出计划也是创业计划书的重点。

下面以“大学餐厅创业计划书”为例，来说明创业计划书如何具体制定。

大学餐厅创业计划书

摘　要

民以食为天，但在高校里，学校食堂的伙食一直被学生们抱怨，由于学校食堂普遍都是以大锅菜的方式做的，虽然价格较低但很少能真正让学生喜爱。如今，人们的生活水平不断提高，对于高校学生来说，健康营养、价格适中的饮食才是他们所需要的。因此，在学校附近办一个以学生为消费群体的餐厅是我创业的目标。

我的创业梦想已经存在很长时间，对于餐厅的创建及其运行模式已经有所了解。另外，资金的筹措、人员的聘用、地点的选择正在进行中。

（一）项目概况

（1）项目目的：在学校附近经营一个中西合璧、价格适中、品种多样，兼具休闲功能的餐厅。

（2）项目名称：樱兰餐厅。

（3）项目内容：提供早餐、午餐、晚餐、特色冷饮和休闲餐饮。

（4）开办地点：合肥大学城。

（5）经营宗旨：绿色食品，健康营养，价格公道，特色鲜明，服务学生。

（6）经营特色：① 早餐以浙江等地的南方小吃和本地小吃为主，品种多、口味全、营养丰富，使就餐者有多种选择；② 午餐和晚餐则有中西不同口味的菜式，且提供各种饮料，如奶茶、果汁、咖啡等；③ 全天提供各色餐点、冷饮、热饮、水果拼盘等。

（7）经营理念：特色饮食，微笑服务。

（二）市场分析与餐厅定位

随着经济的不断发展、生活的不断进步，填饱肚子不再是人们对饮食的要求。人们现在追求的是绿色食品、干净卫生且有特色的餐饮，而本餐厅就是打算在此基础上开办的。

1. 大学食堂的优点与不足

众所周知，大学食堂的饭菜虽然价格低廉，但质量不高，仅仅解决了学生们的温饱问题。因此，如果能有一家具备如下条件的餐厅出现，相信定会受到学生们的欢迎：

（1）距学校很近。

（2）就餐环境干净卫生。

（3）饭菜可口，营养丰富。

（4）价格适中。

2. 中西合璧

随着世界交流的增加，越来越多的西餐厅在中国建立起来。由于高校学生经常接触西方文化，从而让他们对西方的食物充满好奇。因此，餐厅可以中餐为主、西餐为辅，从而满足学生对饮食的多样化需求。

3. 兼具休闲功能

合肥大学城是合肥高校集中的地方，人流量大，中餐厅多，但是专为学生提供休闲场所的餐厅并不多。因此，本餐厅除了提供中西餐以外，还会通过提供各种冷热饮，合理安排餐厅布局，使其具备休闲功能。

4. 主要竞争对手——哈哈餐厅

成立时间：不详。

所在位置：合肥大学城。

优势：开办时间较长，有固定客流，午餐、晚餐有特色，人气较高。

主要经营项目：午餐为中餐，晚餐为西餐。

主要问题：餐厅长时间风格未做改变，饮食种类几乎没有变化，对学生而言毫无新鲜感；因为生意较为火爆，整体价格有所上调，学生逐渐心生不满。

（三）开办流程

（1）筹措资金40万元。其中，家人资助30万元，贷款10万元。

（2）租用场地。签订租赁合同。

（3）装修餐厅。装修风格应简朴、自然，并富有现代气息。墙面采用偏淡的温色调，厨房布置合理精致，采光性好，整体感观介于家庭厨房与酒店厨房之间。

（4）采购厨房设备、桌椅、碗筷等餐饮用品。

（5）申办营业执照、卫生许可证、物价审批、环保审批、消防审批、市容审批、酒类经营许可证、烟草专卖证和税务登记证等。

（6）刻章、到银行开户。

（7）聘用中西餐厨师、杂工等，签订劳务合同。

（8）联系原材料供应商，与之签订合作合同。

（9）聘用勤工俭学的学生为服务员，谈好薪资、工作时间、工作内容，签订劳动合同。

（10）在各高校进行宣传，正式开张营业。

（四）营销策略

1．开业初期营销策略

（1）通过资助大学生的一些活动，在各高校广为宣传，宣传重点如下：① 菜品丰富，口味独特，味道鲜美，让您流连忘返；② 绿色食品，营养丰富，纯天然，无污染；③ 中西合璧，提供精致的中西餐；④ 提供丰富的冷热饮，免费提供茶水；⑤ 环境优雅，干净卫生，适合休闲；⑥ 好吃不贵，价格公道；⑦ 提供外卖，送餐到床前；⑧ 微笑服务，让您宾至如归。

（2）通过菜品打折、推出特价菜、赠送饮料等优惠措施吸引学生前来就餐。

2．开业后营销策略

（1）不定期推出一些特色菜品，让学生常吃常新，从而不断刺激学生的消费欲。

（2）在情人节、劳动节、国庆节、圣诞节等节假日开展有针对性的促销。例如，可在情人节推出优惠价情人套餐，在圣诞节推出优惠价西餐等。

（3）以优惠价帮助学生举办生日宴、班级宴等。

（4）逐步积累出若干招牌菜，让它们成为餐厅的名片。

（5）密切关注学生的消费动态，如学生的口味变化、消费习惯变化等，使餐厅能紧跟时代潮流。

（6）密切关注各学校的动态，从而不断寻找一些包餐、送餐机会。

3．微笑服务，真诚到永远

由于餐饮属于服务性行业，因此，良好的服务态度至关重要。本餐厅推崇微笑服务，作

为餐厅的一员，不管是餐厅管理者，还是服务员，面对顾客均需要微笑服务，真诚待人。

通过培训、搞活动、评选优秀员工等，让员工树立主人翁意识，做到服务热情、主动、有亲和力，把餐厅的事当作自己的事，从而时刻注意维护餐厅的形象。

4．暑假与寒假的处理

暑假期间虽然客源会骤降，但毕竟还有部分留校学生、附近居民及打工人员前来就餐，届时可采取减少生产量、转移服务重点等方式改善暑期的经营状况。寒假期间可考虑停业一个月，以减少不必要的成本支出。

（五）人员配备及各岗位职责

1．餐饮经营者职责

（1）拥有餐厅的决策权，对餐厅员工有聘用和解雇的权力。

（2）确定餐厅员工的薪资，安排员工的休假时间。

（3）监督员工的工作态度，有奖有惩。

（4）鼓励员工爱岗敬业，使整个团队充满活力。

（5）收集顾客的反馈意见，不断改进菜品质量，增强菜品特色；不断改进员工的服务态度，强化员工的服务意识；不断改进餐厅的经营管理方式，使餐厅保持活力、凝聚力和向心力。

（6）管理餐厅财产，掌握和控制好各种物品的使用情况。

（7）及时处理经营过程中出现的各种问题。

2．中餐厨师职责

（1）制作每日早餐、午餐和晚餐。

（2）遵守作息时间，准时开餐，不擅离职守，不无故罢工。

（3）遵守安全操作流程，合理使用原材料，节约水、电、燃气等消耗。

（4）上班时穿厨师专用服，注意个人卫生，在工作时间不抽烟，安全烹饪。

（5）努力制作特色饮食。

3．西餐厨师职责

与中餐厅厨师职责相同。

4．服务生（3人）职责

（1）微笑服务，礼貌待人。

（2）每日营业前整理好桌椅、餐布，搞好餐厅卫生，准备好各种用品，确保餐厅正常营业。

（3）客人到时及时安排客人入座，主动介绍本餐厅的特色饮食。

（4）对客人有礼貌，对客人的非私人问题有问必答。随时留意客人情况，为客人提供周到的服务。

（5）工作中遇到自己不能解决的问题，及时向餐厅管理者汇报，请其帮忙解决问题。

（6）客人离开后，注意是否有遗留物，若有，速交柜台，然后迅速整理餐桌，做好下一批客人到来之前的准备。

（7）下班前检查工作区域是否关灯、关窗，电源是否切断，确保餐厅安全。

（8）与同事建立良好关系，互相帮助，遵守餐厅规章制度。

此外，餐厅中还有采购、洗菜、切菜、配菜、杂务等人员。

（六）市场进程及目标

（1）半年。慢慢吸引顾客前来就餐，努力在半年内收回初期投资。提升知名度、美誉度，积极进行市场调研，努力开发新的饮食产品，为餐厅的进一步发展积蓄资本。

（2）两年。进一步健全餐厅经营管理制度，确定自己的特色菜及特色服务，相继推出各类活动，使固定顾客人数进一步增加，餐厅运营步入稳定良好的状态。

（3）五年。经营稳定后，可以考虑扩大经营，如扩大餐厅的面积、寻找新的经营场所做连锁经营等，并慢慢打造自己的品牌，向专为学生提供饮食的餐饮行业发展。

（七）财务计划

1. 现金流量表

（1）初始阶段的成本主要包括：3 个月房租与 1 个月押金 80 000 元（20 000 元/月），房屋装修费 80 000 元，厨房用具及就餐桌椅等购置费 80 000 元。

（2）运营阶段的成本主要包括：员工工资、原料采购费、房租、税费、水电燃气费、杂项开支等，估计每月需支出 63 000 元。

（3）将剩余资金作为预备金，以应付开业时客人较少的情况和其他突发情况。

2. 预计损益表（主营业务收入）

根据调查，可大致估算出每日营业额约为 3 000 元，按收益率 30%计算，每日纯利润约为 900 元，则每月纯利润约为 27 000 元。由此可计算出投资回收期约为 6 个月。

（八）风险及对策

1. 资金方面

为防止资金回收较慢、资金链发生断裂，需要留有一定的备用金。

2. 资源方面

本餐厅的原料主要以果蔬、豆类、菌类为主，是当今最受欢迎的绿色天然无污染食品，因此，要与原材料供应商建立长期友好的合作关系。

3. 经营方面

餐厅长时间经营下来，顾客会对餐厅的饮食感到厌倦，对餐厅风格的一成不变感到无趣，为此，要适时地改变菜式和餐厅的风格。

4. 管理方面

（1）为防止厨师被挖角而辞职，餐厅管理者需对餐厅的特色菜有一定的了解，并及时聘请其他厨师开发其他特色菜。

（2）应与厨师和服务员建立良好关系，尽可能给予适当的报酬，适时听取他们的意见，不断改进自己的管理方式。

编写创业计划书的原则

一份好的创业计划书不仅要呈现竞争优势与投资者的利益，同时也要具体可行，并提出尽可能多的客观数据来加以佐证。编写过程中应把握以下原则：

（1）市场导向原则。利润来自市场的需求，没有明确的市场需求分析作为依据，所编写的创业计划书将是空泛的、无意义的。因此，创业计划书应以市场导向的观点来编写，要充分显示对市场现状的把握与对未来发展的预测，同时要说明市场需求分析所依据的调查方法与事实证据等。

（2）文字精练原则。创业计划书应避免那些与主题无关的内容，要开门见山、直切主题并清晰明了地把自己的观点亮出来。风险投资者没有时间，也不愿意花过多的时间来阅读一些对他来说毫无意义的东西。文字精练、观点明确，才能引起投资者的注意和兴趣，从而提高融资成功的概率。

（3）前后一致原则。因为创业计划书的内容复杂繁多，容易出现前后不一、自相矛盾的现象。如果出现这种情况，会让人很难明白，甚至对计划产生怀疑。所以，整个创业计划书前后的基本假设或预估要相互呼应，保持一致。

（4）呈现竞争优势原则。编写创业计划书的重要目的之一是为投资人或贷款人提供决策依据，借以融资。因此，创业计划书中要呈现出具体的竞争优势，显示经营者创造利润的强烈愿望，并明确指出投资者预期的报酬。但同时也应该说明可能遇到的风险或威胁，不能只强调优势和机遇而忽略不足与风险。

（5）便于操作原则。创业计划书是创业者拟定的创业行动蓝图，必须具有很强的可操作性，以便于实施。特别是其中的营销计划、组织结构、管理措施、应对风险的方法和策略等，必须具有可行性和可操作性。

（6）通俗易懂原则。创业计划书中应尽量避免使用技术性很强的专业术语，过多的专业术语会影响投资者的阅读兴趣，让他们觉得太深奥。如果某些地方必须使用专业术语，应该在附录中加以解释和说明。

（7）客观实际原则。创业计划书中的所有内容必须实事求是，即使是财务规划也要尽量客观、实际，切勿凭主观意愿进行估计。创业者必须事先进行大量的调查和科学分析，尽量列出客观、可供参考的数据与文献资料。

创新案例及分析

完善的创业计划书让他获得了风险投资

王某毕业后经过多年研究，在利用太阳能方面取得了一项重大突破。如果这项技术获得应用推广，前景会非常广阔。于是，王某辞掉了原来的工作，准备创业。注册公司后，所有资金全部用尽，他已经无力再招聘员工、准备实验材料了，于是他想到了风险投资，希望通过引入合作伙伴来解决资金困难。为此，他多次与一些风险投资机构或个人投资者洽谈。虽然王某反复强调他的技术多么先进、应用前景多么光明，并保证投资他的公司将会获得很大的回报，但总是难以让对方相信，他对于投资人询问的重要数据（如市场需求量具体是多少，一年可以有多高的回报率等）也没有办法提供。

后来，一位做咨询管理的朋友提醒王某，由于他的技术很少有人懂，而且没有创业计划书，所以没有人相信他。于是，在向相关专家咨询并查阅大量资料后，王某开始从公司的经营宗旨、战略目标出发，对公司的技术、产品、市场销售、资金需求、财务指标、投资收益、投资者退出等方面进行分析和论证。在这个过程中，他还经常通过市场调查来获取资料。一个多月后他拿出了一份创业计划书初稿，在经过几位专家的指点后，他又对创业计划书进行了完善。凭着这份创业计划书，他很快与一家风险投资公司达成了投资协议，获得了资金支持，员工招聘问题也迎刃而解。如今，他的公司已经经营得红红火火。谈到经验，他说创业计划书不仅仅是一篇文章，其编写过程就是不断理清创业思路的过程，只有创业者自己的思路清楚了，才能让投资者和员工相信你。

王某拥有技术，其创业优势非常明显。但是，当他希望获得风险投资时，由于没有一份像样的创业计划书，投资者无法了解其创业项目的前景和可行性如何，因而拒绝投资。对于很多创业者来说，一份具有可行性的创业计划书是融资最起码的条件。所以，创业者应重视创业计划书的编写。

探索活动

编写创业计划书

活动目的：

（1）指导学生掌握创业计划书的基本结构与编写方法。

（2）指导学生认识创业活动所涉及的各个方面。

活动内容：

确定你的创业项目，编写创业计划书。具体实施步骤如下：

（1）将全班学生分成若干小组，每组 4～6 人，设组长一名。

（2）以小组为单位，寻找与自己所学专业相关的创业项目，或者从自己生活的环境中寻找创业项目。通过小组讨论，确定创业项目。

如何写好一份创业计划书？

（3）从网上搜索几篇优秀的创业计划书作为参考。

（4）各小组成员讨论创业计划书的基本结构与目录，组长负责最后敲定。

（5）组长对小组成员进行分工，每个成员编写创业计划书的一部分或几部分。最后由组长进行统稿并修改。

（6）创业计划书完成后，同学之间交换阅读，指出对方的优点及不足之处，相互学习、相互促进。

活动评价：

活动结束后，教师可根据表 7-3 进行评分。

表 7-3　探索活动评价表

评分标准	分值	实际得分	备注
所选创业项目具有可行性与典型性	20		
所写的创业计划书具有可参考性	20		
小组成员分工合理、明确	20		
编写过程中能团结协作	20		
计划书终稿结构完整、内容丰富、条理清晰	20		
总分	100		

创业实践

根据创业计划书的撰写技巧，对在探索活动中编写的创业计划书进行检查和修改，以加深理解创业计划书的撰写要求；然后以小组为单位，讨论如何展示本团队的创业计划，分工完成 PPT 的制作，并在课堂上展示。

第三节　驶入创业快车道

问题导入

企业创办之后，会面临制度建设、财务管理、品牌策划等各种各样的企业管理问题，只有妥善处理好这些问题之后，企业才能快速驶入正轨。在进行本节的学习之前，先思考以下几个问题：

（1）企业为什么要进行制度建设？为什么要创建企业文化？

（2）企业应该如何建立公司的财务管理体系，以控制公司在运营过程中的风险？

（3）你所熟悉的品牌有哪些？这些品牌的产品有什么特色？

一、遵循规则管企业

青年学生创业前多学法

“没想到我们的第一次创业就这样草草结束了，真的是很受打击。”长沙网友小谢等三名初出校门的青年学生向《百姓呼声》栏目发帖，讲述了自己初次创业的坎坷经历。

小谢说，他和另外两个合伙人均毕业于湖南某学院，因觉得当前工作不好找，遂决定自己创业。经过一段时间的考察，他们看中了位于长沙市芙蓉区解放西路317号的门面，周围酒吧和KTV比较多，便合计在此开一家烟酒店。随后，小谢和房东签订了两年的租房合同，合同签订后，小谢抓紧时间装修店铺，以便尽快开业。“装修那段时间真的很辛苦，没日没夜地干活，但是我们充满了激情。”

不料，烟酒店刚开业不到半个月，街道办事处就张贴拆迁公告，告知商户和居民此处即将拆迁。这份拆迁公告让小谢他们陷入了巨大的恐慌当中，“我们装修费花了3万多元，这些钱可都是我们父母的血汗钱”。同时，他们也质疑房东为何“拆迁一个月前把房子租给他们”。对此，房东解释说“自己也不知道要拆迁”。

小谢他们所担心的房租、门面装修费、经营损失费，究竟应该由谁来承担？湖南某律师事务所律师对此分析，根据《中华人民共和国合同法》的相关规定，小谢可要求房

东返还房租，至于门面装修费、经营损失费，应该由拆迁方来补偿。

资料来源：优文网

问题与思考：

大学生创业者创业前除了要多学法之外，还有很多规则要遵守，你知道的还有哪些？

（一）制度建设是保障

企业制度是企业员工在生产经营活动中共同遵守的规定和准则的总称，是企业赖以生存的体制基础，是员工的行为规范。任何一个成功的企业背后都有规范的、创新的管理制度做支持，以规范性地管理企业的日常活动，保证各项工作能高效有序地进行。建设企业制度，应从以下几个要点入手。

1．制度建设应切合实际

制定制度要从企业的实际出发，结合现有制度和企业未来的发展需要来制定，切不可照搬或盲目引进其他公司的工作制度。如果某一项制度不够成熟，可以先试行一段时间，在实践中不断总结经验并加以完善。

2．要求员工积极参与

企业的制度建设需要员工积极参与。员工不仅是企业的一员，也是各项制度的切身利益相关者。企业领导层应坚持以人为本、集思广益，充分考虑员工的意见和建议，在建立和谐劳动关系的同时促进企业效率的提高。

3．完善考核机制和责任机制

企业制度建立后，落实的过程仅仅靠自觉遵守是不够的，必须有一套完整的监督检查和考核体系。奖罚不明会降低制度的权威性，不利于制度的落实。因此，制度应该在“违反了怎么办”方面下功夫，用合理规范的考核机制和责任机制约束员工的行为。

（二）财务管理很重要

1．加强现金流预算与控制

企业财务管理首先应关注现金流量，而不是会计利润。现金流是创业企业的命脉，其预算与控制是财务控制的一个关键点，新企业应该通过现金流预算管理来做好现金流量控制。新企业要努力保障企业的账上有不少于 6 个月（完成一轮融资通常需要 6 个月时间）的现金储备，以避免资金断流。

2．仔细权衡投资的回报与付出

即使在产品销售情况良好、短期现金流充裕的情况下，新企业仍然需要全面考虑新增投资的回报率、回收期，以及由于新增投资所带来的对企业现有能力的挑战和管理等连带问题；更需要客观评价新增投资的发展前景及对现有业务发展的价值。在新企业创办初期，市场竞争地位才刚刚确立，经营的过于分散化会削弱企业原有核心业务能力。

3．充分利用产业平台

对于高科技的新企业，应该充分利用所在地区的园区、孵化器等产业平台，争取政府基金及相关政策的支持，这是一种成本相对较低的缓解现金流短缺的方法。孵化器通常是大量政府政策资源的聚集地，孵化器内的新企业在政策资源上有着得天独厚的优势，通过关注、利用政府机构制定的相关法律条例，创业者有可能争取到政策性低息贷款或无偿扶持基金（如创新基金），以及写字楼或者孵化器提供的廉价房租等。

4．增收节支，开源节流

开源节流是企业经营中最朴实、最实用的手段和策略。节流不是简单地减少支出，而是通过费用支出结构分析、支出的必要性和经济性分析，采取措施来改善费用支出的使用效果。

5．财务风险控制

对于初创期或成长期的企业来说，需要大量的运营资本来应付快速增长的应付账款和存货，举债经营成为企业发展的途径之一。有效利用债务可以提高企业的收益，但企业举债经营会对企业自有资金的盈利能力造成一定影响。由于负债要支付利息，债务人对企业的资产有优先权利，万一企业经营不善，或有其他不利因素，企业资不抵债、破产倒闭的风险就会加大。因此，新企业必须正确客观地评估财务风险，采取稳步发展的财务策略。

6．资金控制

在市场竞争异常激烈的今天，新企业往往不得不采用信用形式进行业务交易，经营中应收账款比率难以降低。许多新企业或者处于发展早期的企业经常通过给那些风险更大、在别处贷不到款的客户更大的个人信誉（以个人信誉来担保的应收账款）来获得业务，就会导致未能及时收回欠款而破产。

新企业控制好应收账款可以从以下三个方面进行：一是客观评价客户资信程度；二是建立合理的信用标准；三是对所发生的应收账款和客户要强化管理，制订催款计划，定期向赊销客户寄送对账单和催缴欠款通知书，或者拨打催款电话。此外，要对有经常性业务往来的赊销客户进行单独管理。

（三）创立品牌找客户

品牌是一种名称、术语、标记、符号或设计，或者是它们的组合运用。其目的是借以辨认某个销售者的产品或服务，使之与竞争者的产品或服务区别开来。品牌建设包含品牌定位、元素设计和营销策略三个方面的内容。

1. 品牌定位

麦当劳的品牌定位

品牌定位是品牌建设的基础，是品牌经营成功的前提。品牌定位是指为某个特定品牌确定一个适当的市场位置，使产品在客户的心中占领一个特殊的位置，当客户的某种需要突然产生时，随即想到某一品牌，其关键是“抓住客户的心”，核心是“差异化”。例如，在炎热的夏天，人们在突然口渴时会立刻想到“可口可乐”的清凉爽口。

格力电器成立于 1991 年，创业初期只有一条简陋的、年产量不过 2 万台窗式空调的生产线，但格力人在朱江洪董事长的带领下，发扬艰苦奋斗、顽强拼搏的精神，克服创业初期的种种困难，开发了一系列适销对路的产品，抢占了市场先机，初步树立了格力的品牌形象，为公司的后续发展打下了良好的基础。

1994—1996 年，公司开始以抓质量为中心，提出“出精品、创名牌、上规模、创世界一流水平”的质量方针，建立和完善质量管理体系，推行“零缺陷工程”，使格力电器在质量上实现了质的飞跃，奠定了格力产品在质量上的竞争优势，创出了“格力”这一著名品牌，在消费者中树立了良好的口碑。

1994 年，董明珠总裁开始主管销售工作，凭借不断创新的营销模式，1995 年格力空调的产销量一举跃居全国同行第一。2015 年，格力电器挺进福布斯全球 500 强，排名第 385 位。

资料来源：豆丁网

2. 元素设计

品牌元素包括品牌名称、标识与图标、广告语、网址等。

（1）品牌名称。品牌名称是代表品牌的最核心元素，是让目标客户形成认知的关键点。一个好的品牌名称可以为企业节约大量的传播费用，并能传达品牌的核心价值。例如，“可口可乐”“苹果”都具有极强的品牌价值。

（2）标识与图标。品牌的标识与图标关系着企业和产品的视觉效果，是重要的传播元素，对于消费品和服务性企业来说尤其如此。例如，麦当劳的大 M 型黄色拱门非常醒目；苹果公司的图标则设计为一个艺术化了的被咬掉一口的苹果，既能够直接和品牌名称联系起来，又表达了创新和智慧的内涵。

（3）广告语。品牌的广告语是用于营销传播的重要元素，广告语要将产品的最大特点或用途表达出来，并且朗朗上口，甚至可以在社会上成为流行的时尚语言。例如，英特尔“给电脑一颗奔腾的芯”，雕牌洗衣粉“不买贵的，只选对的”，雀巢咖啡“味道好极了”等。

（4）网址。网址对于互联网公司来说至关重要，其本身也是品牌名称。通常互联网公司有一个中文名称和一个 URL 网址，两者结合得非常紧密，多数情况下中文名称的拼音就可作为 URL 网址。例如，淘宝网的名称与网址完全吻合，易读、易记。

美国品牌权威凯文·莱恩·凯勒认为品牌元素的选择标准有六个：可记忆性、有含义性、可爱性、可转换性、可适应性和可保护性。

3. 营销策略

创建一个品牌，还需要关注与品牌有关的营销策略，主要包括产品策略、价格策略、渠道策略和促销策略四个方面。

（1）产品策略。企业应把有限的人力、物力、财力有效地分配到核心产品的开发上，使新产品开发取得最佳效果。企业在开发产品时，应考虑产品性质和用途独创、产品质量可靠、产品包装突出品牌特点、产品具有前瞻性等。此外，还要考虑企业产品和技术创新的能力、技术力量的储备和产品开发团队的建设情况等。

（2）价格策略。价格在企业的营销过程中是一个很敏感而又最难以控制的因素。较低的定价会让客户对产品的质量产生怀疑，较高的定价又不能打破客户已经养成的购买惯性。因此，企业需要合理定价，才能减少产品在营销过程中的阻碍，提高品牌构建的成功率。

（3）渠道策略。渠道策略是企业营销和品牌构建的重要组成部分，它对降低成本和提高品牌竞争力具有重要意义。

（4）促销策略。促销策略也是企业营销和品牌构建的重要因素，主要包括广告促销、营业推广和人员销售等。制定合理有效的促销策略有助于加速品牌的构建。

不得作为商标使用与注册的标志

下列标志不得作为商标使用：

（1）同中华人民共和国的国家名称、国旗、国徽、国歌、军旗、军徽、军歌、勋章等相同或者近似的，以及同中央国家机关的名称、标志、所在地特定地点的名称或者标志性建筑物的名称、图形相同的。

（2）同外国的国家名称、国旗、国徽、军旗等相同或者近似的，但经该国政府同意的除外。

（3）同政府间国际组织的名称、旗帜、徽记等相同或者近似的，但经该组织同意或者不易误导公众的除外。

（4）与表明实施控制、予以保证的官方标志、检验印记相同或者近似的，但经授权的除外。

（5）同“红十字”“红新月”的名称、标志相同或者近似的。

（6）带有民族歧视性的。

（7）带有欺骗性，容易使公众对商品的质量等特点或者产地产生误认的。

（8）有害于社会主义道德风尚或者有其他不良影响的。

（9）县级以上行政区划的地名或者公众知晓的外国地名，不得作为商标。但是，地名具有其他含义或者作为集体商标、证明商标组成部分的除外；已经注册的使用地名的商标继续有效。

下列标志不得作为商标注册：

（1）仅有本商品的通用名称、图形、型号的。

（2）仅直接表示商品的质量、主要原料、功能、用途、重量、数量及其他特点的。

（3）其他缺乏显著特征的。

二、企业建设有门道

海尔智家：智慧家庭体验馆

作为传统家电行业的翘楚，海尔始终站在时代与行业的发展前列，率先打造“海尔智家”品牌，整合了衣、食、住、娱等生活的各个方面，为用户提供了涵盖客厅、厨房、卧室、浴室、阳台等场景的全流程健康场景解决方案，真正开启通往健康生活的定制化入口。

目前，海尔智慧家庭体验馆已陆续落地全国各地，全面向消费者展示智慧客厅、智慧厨房、智慧卧室、智慧浴室、智慧阳台五大生活空间，全屋空气、全屋用水、全屋安防、全屋洗护、全屋视听、休闲娱乐、全家美食七大解决方案及众多智能家电产品，吸引了众多智能家电爱好者前来“尝鲜”，一度成为城市热门“网红打卡地”。

智能化是未来的发展趋势，但智能化背后的支撑首先是人文化。只有始终站在用户角度考虑，才能为用户提供无微不至的服务。

问题与思考：

如果你要管理一个企业，有什么创新之法？

（一）社会责任勇担当

企业的社会责任是指企业在经营发展过程中应当履行的社会职责和义务。

1. 明礼诚信

企业应具有确保产品货真价实的责任。由于种种原因造成的诚信缺失正在破坏着社会主义市场经济的正常运营，由于一些企业的不守信用，假冒商品越来越多，因此而给消费者造成的损失越来越严重。很多企业因假冒商品的干扰和打假难度过大，导致难以为继，岌岌可危。为了维护市场的秩序，保障人民群众的利益，企业必须承担起明礼诚信、确保产品货真价实的社会责任。

2. 科学发展

企业的任务是发展和赢利，并且担负着增加税收和国家发展的使命。企业必须承担起发展的责任，搞好经济，要以发展为中心，以发展为前提，不断扩大企业规模，扩大纳税份额，完成纳税任务，为国家发展做出贡献。但是，企业的发展观必须是科学的，任何企业都不能只顾眼前，而不顾长远发展。

3. 可持续发展

中国是一个人均资源特别紧缺的国家，企业的发展一定要与节约资源相适应。作为企业家，一定要站在全局立场上，坚持可持续发展，高度关注节约资源。

4. 保护环境

随着经济发展，环境日益恶化，特别是大气、水、海洋的污染日益严重。野生动植物的生存面临危机，森林与矿产过度开采，给人类的生存和发展带来了很大威胁，环境问题成了经济发展的瓶颈。为了人类的生存和经济持续发展，企业一定要担当起保护环境、维护自然和谐的重任。

5. 保护职工健康

人力资源是社会的宝贵财富，也是企业发展的支撑力量。保障企业职工的生命、健康，确保职工的工作与收入待遇，不仅关系到企业的持续健康发展，而且关系到社会的发展与稳定。作为企业要遵纪守法，爱护员工，搞好劳动保护，不断提高员工工资水平，保证工资按时发放，多与员工沟通，多为员工着想。

（二）创新是个好法宝

创新是企业生存与发展的根本，是企业发展壮大的强大动力。美国著名经济学家、管理大师熊彼特说，创新是企业家对生产要素的重新组合。创新可促进企业组织形式的改善和管理效率的提高，从而使企业不断提高效率，不断适应经济发展的要求。

（1）树立全方位创新理念，建立创新激励机制。

（2）企业要具备鼓励创新的开放系统，营造集思广益的氛围，中高层以上管理人员要善于采纳下属意见，员工要普遍习惯于采纳同事的意见，并建立合理化建议奖励制度。

（3）公司在资源配置上要倾斜，要加大产品创新和技术创新的投入。此外，也要加大建立创新激励机制的投入，如增加为训练员工创造力所花的费用。

（4）加强创新方面的训练，提升创新技能。创新能力并不是天生的，在很大程度上取决于后天的学习和训练。

最初“杧果女神”李雅茜带领团队创建米易鑫瑞丰农业有限公司，打造“攀稀果果”品牌时并不顺利。由于杧果采摘的时机没掌握好，加上包装不够专业，发给客户的杧果全都坏了。李雅茜这才发现，创业还有很长的路要走。她感到很愧疚，熬夜给每一位客户手写了一封致歉信，随后重新发货，杧果和信一起寄到了客户手中。经历了一些教训之后，李雅茜聚焦于互联网生鲜电商产品质量无法保证的痛点，从供应链的源头，将规范化种植、采摘、分拣和品牌化运营及冷链物流系统建设融为一体，打造了山区原产地品牌推广、互联网社群营销的新模式。

2016 年网络直播流行起来，给了李雅茜新的启发。她的团队开始以“杧果女神”网红水果为模板，先后复制出枇杷女神、石榴女神、火龙果女神等。在直播中，主播或穿梭在果林里，或坐在桌子前，将水果的生长环境、口感、功效及适合的人群介绍给粉丝，告诉粉丝切杧果的技巧，演示制作杧果沙拉、杧果汁的简易过程等。在淘宝直播，用户可以一边观看直播一边直接下单购买；在一直播、花椒直播和快手、抖音等平台，团队则通过引导添加关注，发送微店名片，引导用户到微店购买。借此方式，流量实现了变现。据李雅茜介绍，通过这一创新，公司的年销售业绩从 2015 年的 400 万元增加至 2016 年的 1 500 万元。此举让乡亲们大开眼界，杧果的单斤售价也提高了 1 元。

“许多农产品被人看作是低端产业，其实并不存在所谓的低端产业，只有低端的经营思维。只要勤于思考、勇于创新，无论在哪个产业我们都能发现靓丽的风景。”这是李雅茜发的一条朋友圈。

资料来源：新华网

（三）文化创建应抓紧

什么是企业文化？

企业文化是全体员工在长期的生产经营活动中形成并共同遵循的最高目标、价值标准、基本信念和行为规范。现代企业越来越重视人在企业发展中的重要作用。所以，打造独具特色的企业文化，对增强企业的向心力和凝聚力具有十分重要的意义。

1. 重视企业战略文化

企业要实现可持续发展，必须有一个长远的发展目标和发展规划。企业今后朝什么方向发展、如何发展等问题都应让全体员工尽快了解。发展战略只有得到全体员工的认同，才能发挥出应有的导向作用，才能成为全体员工的行动纲领。在企业文化建设中，要充分利用网络等载体，采取灵活多样的形式，搞好企业发展战略的宣传和落实。通过积极开展企业战略文化建设，进一步理清工作思路，明确企业的发展方向，激发员工的工作热情。

2. 建设企业人本文化

人才是企业发展的宝贵资源。在新形势下，企业需要一大批不同层次、不同专业的人才。企业必须把人才队伍建设作为企业文化建设的一部分，通过在企业内部营造尊重人、塑造人的文化氛围，增强员工的归属感，激发员工的积极性和创造性。随着科技的不断发展，更新员工知识结构的课题也摆在了企业的面前。企业应努力营造良好的学习氛围，搭建人才成长的平台，使全体员工增强主人翁意识，与企业同呼吸、共成长。同时也要对员工进行目标教育，使他们把个人目标同企业发展目标紧密结合在一起，自觉参与到企业的各项工作中来。

3. 规范企业制度文化

企业文化与企业制度之间是相互支撑、相互辅助的关系，制度文化是企业文化的重要组成部分。在制度文化建设中，要突出创新、严于落实，建立科学的企业决策机制和人力资源开发机制，制定完善的企业运行规则和经营管理制度，构建精干高效的组织架构，使各项工作衔接紧密，保证企业目标顺利实现。员工参与民主管理的程度越高，越有利于调动他们的积极性。企业要建立开放的沟通制度，及时了解员工的思想动态。同时，要强化监督，规范管理行为，营造和谐的文化氛围，促进企业管理水平的提高。

4. 打造企业团队文化

企业发展目标的实现，离不开员工之间的相互协作。只有通过培养团队精神，企业才能不断创造新业绩，才能在激烈的市场竞争中立于不败之地。企业文化建设的重要任务，就是在企业内部营造有利于企业发展的良好氛围，使领导与领导、领导与员工、员工与员工之间精诚合作，促进企业目标顺利实现。同时，要恰当处理企业外部各方面的关系，尽可能地减少摩擦和矛盾，争取方方面面的理解和支持。

新产品的开发方向

企业开发新产品，把有限的人力、物力、财力有效地分配在急需的开发项目上，使新产品开发取得最佳效果，关键在于准确地确定新产品的开发方向。随着市场竞争

日趋激烈，消费需求日趋多样化和个性化，新产品开发呈现出多能化、系列化、复合化、微型化、智能化、艺术化等发展趋势。企业在选择新产品开发方向时，应考虑以下几点：

（1）考虑产品性质和用途。在进行新产品开发前，应充分考察同类产品和相应替代产品的技术含量和性能用途，确保所开发产品的先进性和独创性，并且容易被市场所接受。

（2）结合对消费者需求及其变化的充分了解，综合考虑价格和销售量。产品的成本与工艺技术、生产规模等有很大关系，产品定价除了考虑内部成本因素以外，更受到市场竞争、消费者意愿等外部因素的影响，还与企业的中长期战略有关，要经过调查研究和综合论证加以确定。

（3）随着人们生活水平的提高，消费者的需求呈现多样化趋势。所以新产品开发必须有适当的前瞻性，并且确保产品的生命周期与消费者需求变动的时间相协调，才能适应市场，实现市场目标。

此外，还要考虑企业产品和技术创新的能力、技术力量的储备和产品开发团队的建设情况等。

创新案例及分析

不管做什么都要有社会责任感

张某是河南某学校的学生，从小在浙江温州长大，自初中毕业以来，从事过 20 多个职业，跑遍中国 20 多个省、40 多个城市，现为郑州某图文设计公司总经理兼执行董事、南京某洁具店老板、越南某洁具直营店第一股东、浙江某旅游开发有限公司股东。

张某之前在全国很多城市都打过工，做得最长的就是餐饮业，在那里他学到了很多东西，大一的时候就开了两家餐厅。他曾经梦想在海南岛开一家大酒店，但后来还是选择留在郑州，觉得这里朋友多、同学多，可以互相帮助。

张某是一个崇尚自由的人，不喜欢朝九晚五的工作，想自己做点事。开始的时候，为了发挥自己的专业优势，他打算从事房地产行业，但由于资金不足、能力不够，最终选择了从事一些为房地产服务的行业，成立了房地产广告印刷公司。刚开始最棘手的问题是业务不熟，对这个行业一窍不通，什么事都是自己琢磨，一点一点学。张某说：“我以前都是当股东，没有自己操盘过公司，而现在要独立管理公司，觉得管理跟不上，没有一个系统。”

说到他最难忘的事就是一天见了八位公司老总，回来后整理了三天三夜的谈话心得，感觉自己一下子成长许多。最高兴的事就是见到了自己崇拜的相关领导人；最失败的事是交错了一个朋友，被骗得一塌糊涂；最伤心的事是觉得自己很孤独，但别人都不理解他；

最大的困难是不懂自己所从事的行业，什么都得自学，学费交了很多。但他从没有想过放弃，一直想把自己锻炼成一个太阳，温暖自己、温暖他人。

张某认为不管做什么都要有社会责任感。他对自己的公司做出如下规划：公司以稳健发展为风格，脚踏实地，步步为营。多学习、多培训、多考察，争取在未来十年里成为河南一个知名的广告印刷公司。同时公司以人为本，逐步建立带动大学生创业机制，帮助更多有创业想法并且肯吃苦耐劳的优秀大学生创业，尽公司最大的能力为社会做出贡献。

张某感慨，打工可以帮助个人成长，创业是对一个人的升华，同时创业肩负的社会责任更多。大学生就业难是因为没有在大学里好好锻炼自己，没有一技之长，你会的都是别人不需要的，别人需要的你都不会。真正把大学读好、读活的优秀人才是很容易就业的，而且单位都很好。多出去跑跑，天南地北多看看、多学学，要有信念，肯吃苦。同时，不管做什么都要有社会责任感，对自己负责，对社会负责。

一个有着强烈社会责任感的创业者，他的眼界不单是自己的企业，而是将自己、企业与他人、社会紧密地联系在一起。员工的发展与企业的发展互为支撑，企业的发展与社会的发展相互依托。

探索华为的企业文化

活动目的：

使学生了解企业文化对企业发展的重要作用。

活动内容：

上网查找华为公司的相关资料，分析华为企业文化的核心价值是什么，华为的企业文化对企业具有哪些作用。你认同华为的企业文化吗？

请同学们3～5人为一组，就上述问题展开讨论，写出讨论报告，在全班交流。

活动检测：

活动结束后，教师可根据表7-4进行评分。

表 7-4 探索活动评价表

评分标准	分值	实际得分	备注
明确华为企业文化的核心价值	25		
理解企业文化对企业发展的作用	25		
能积极参与讨论	25		
观点鲜明，论据充分	25		
总分	100		

能力训练

假设你要开办一家公司，请先回答以下问题：

（1）公司的使命是什么？

（2）公司的经营理念是什么？

（3）公司文化如何创建？

（4）如何促进职工的健康发展？如何留住人才？

（5）你会发展慈善事业吗？

请同学们 3～5 人为一组，就上述问题展开讨论，由 1 人汇报讨论结果。